LES CLÉS DE L'ÉQUITÉ

Enjeu managérial

Éditions d'Organisation
1, rue Thénard
75240 Paris Cedex 05
www.editions-organisation.com

© Éditions d'Organisation, 2004
ISBN : 2-7081-3057-9

Jean-Marie PERETTI

LES CLÉS DE L'ÉQUITÉ

Enjeu managérial

Éditions
d'Organisation

Collection de l'Institut MANPOWER

Associer la recherche universitaire à l'évolution des besoins et des politiques d'entreprises ; permettre le recul et l'analyse critique en matière d'organisation des entreprises, de management et de gestion sociale ; favoriser une vision prospective et l'ouverture internationale ; stimuler la réflexion sur les nouvelles formes de travail ; analyser les marges de manœuvre et les réponses des entreprises aux niveaux régional, national et international : tels sont les objectifs que se fixe l'Institut Manpower, à travers cette collection.

Cette collection est dirigée par Jean-Pierre LEMONNIER, Denis PENNEL (MANPOWER) et Jean-Pierre RICHARD (PLUS CONSULTANT), avec la collaboration de Jacques PERRIN, directeur de l'Enseignement Supérieur et du Développement des Pôles de Compétences Technologiques CCINGA et Georges TRÉPO, professeur au Groupe HEC, ex-président de l'association Francophone de GRH (AGRH), « Program Chair de la division Management Consulting, Academy of Management, USA ».

Titres parus

Jean-Paul ANTONA, *La rupture du contrat de travail : guide juridique et pratique,* 1998.

Victor ERNOULT, *Recruter sans se tromper,* 2000.

Guillaume FRANCK et Rafael RAMIREZ, *Les meilleures pratiques des multinationales : Structures - Contrôle - Management - Culture,* 2003.

Bernard MERCK et Coll., *Équipes RH acteurs de la str@tégie – L'e-RH : mode ou révolution,* 2002.

Thierry C. PAUCHANT et Coll., *La quête du sens,* 1997.

Guy-Patrice QUÉTANT et Michel PIERCHON, *L'embauche : guide juridique et pratique,* 1998.

Stéphanie SAVEL, Jean-Pierre GAUTHIER et Michel BUSSIÈRES, *Déléguer – Voyage au cœur de la délégation,* 2000.

Maurice THÉVENET, *Le plaisir de travailler – Favoriser l'implication des personnes,* 2000.

Georges TRÉPO, Nathalie ESTRELLAT, Ewan OIRY, *L'appréciation du personnel,* 2002.

Jean-Louis VIARGUES, *Le guide du manager d'équipe – Les clés pour gérer vos ressources humaines,* 2e édition 2001.

Philippe VILLEMUS, *Motiver vos équipes : le guide,* 1997.

Sommaire

Partie I
LES ENJEUX DE L'ÉQUITÉ

Partie II

METTRE EN ŒUVRE L'ÉQUITÉ

Partie III

RÉUSSIR LE MANAGEMENT DE L'ÉQUITÉ

Avant-propos

En 1994, Alain Etchegoyen n'avait pas retenu « équité » parmi les quatre-vingts mots du vocabulaire courant de l'entreprise, auquel il consacrait un ouvrage analysant le sens, la valeur et la pertinence de notions, reflets de la pensée en vigueur dans les sociétés (*Pouvoir des mots*, 1994). De même, dans *Les 100 mots clés du management des hommes*, équité est absent, entre équipe et éthique (Ohana, 1995).

Depuis dix ans, ce mot est incontestablement entré en force dans les discours politiques et managériaux. Les enquêtes montrent que la revendication d'équité est aujourd'hui particulièrement vive, et le discours managérial s'y réfère abondamment. Toutes les dimensions de l'équité sont désormais concernées. En 2004, au-delà des discours incantatoires, répondre à cette exigence d'équité est politiquement, socialement et économiquement nécessaire.

Il est donc indispensable d'identifier les enjeux liés au concept d'équité, de connaître les conséquences financières des comportements provoqués par la perception d'une non-équité, d'en analyser la valeur et la pertinence pour mettre en cohérence les discours et les actes. Il faut, dans un contexte où les risques d'iniquité sont nombreux, développer les pratiques équitables pour restaurer la confiance.

L'ambition de cet ouvrage est d'alimenter la réflexion des DRH, des dirigeants et des managers sur l'exigence de l'équité dans le management et les principes à mettre en œuvre pour renforcer le capital équité. Et de contribuer ainsi à l'émergence d'une entreprise plus équitable.

Le concept d'équité et ses impacts managériaux sont analysés dans une première partie consacrée aux « Enjeux de l'équité ». Cette partie doit beaucoup aux travaux de recherche qui se sont développés en GRH à partir des théories de l'équité. Les travaux des enseignants chercheurs, et en particulier David Alis, Pierre-Guy Hourquet et Raymond Tremolieres, avec lesquels ont débuté nos premières recherches comparatives sur l'équité, des professeurs Jean-François Amadieu, Anne-Marie Fericelli, Jacques Igalens, Alain Roger, Jacques Rojot, Michel Le Berre, Patrice Roussel, Henri Savall, Bruno Sire, Maurice Thevenet, de nos collègues québécois Francis Guerin, Sylvie Saint-Onge, Michel Tremblay, Thierry Wils, de mes collègues de l'Essec et en particulier Laurent Bibard et Jean-Luc Cerdin, et des membres du groupe thématique Rémunération de l'AGRH ont permis de préparer cette partie. Elle s'appuie également sur les recherches doctorales de Michelle Amiel-Flechel, Eléonore Marbot et Leïla Benrais, que je tiens à remercier plus spécialement.

La formulation des règles d'un management de l'équité et leur mise en œuvre opérationnelle sont présentées dans la partie II, intitulée « Mettre en œuvre l'équité », complétée par une partie III consacrée à « Réussir le management de l'équité ». Ces deux parties s'appuient sur les audits des systèmes de rémunération, et en particulier les « audits d'équité » menés depuis dix ans. De nombreuses citations de cet ouvrage ont été recueillies lors de missions d'audit. Que les personnes concernées et leurs entreprises en soient remerciées !

Ces deux parties sont également nourries des échanges avec les milieux professionnels en France et à l'étranger : les réunions des clubs APM (Association pour le progrès du management) consacrées aux débats avec des chefs d'entreprise sur le management et l'équité, les rencontres avec les DRH au sein de l'ANDCP et des associations francophones de DRH en Algérie (ALGRH), en Belgique, au Canada, au Luxembourg, au Maroc (AGEF), en Tunisie (ARFORGHE), au Liban (CLERH), les échanges au sein de l'IAS, les débats du club Essec-RH, les échanges avec les cadres et dirigeants en formation dans le cadre de l'IAE de Corse, de l'IRH du Maroc et de l'Essec Management Education en particulier et, enfin, les réflexions avec les consultants spécialisés en rémunération et les « Comp & Ben », responsables des rémunérations et avantages sociaux, menées dans différentes instances et en particulier au sein d'Oras (Observatoire des rémunérations et des avantages sociaux). Ces échanges ont été particulièrement riches et féconds. Ils ont contribué à l'élaboration et à la réalisation de cet ouvrage. Que tous mes interlocuteurs trouvent ici l'expression de ma reconnaissance.

Introduction

« On trouve le bonheur en observant l'équité. » Cette formule de Peto-siris, grand prêtre d'Hermopolis, est gravée sur le tombeau de Touna El-Gébel depuis environ trois cents ans avant Jésus-Christ. Elle demeure actuelle. Elle mérite d'inspirer les politiques et pratiques RH.

Très tôt, Fayol avait explicitement retenu « l'équité » parmi les quatorze principes du manager présentés dans son ouvrage essentiel : « Les supérieurs dans leurs rapports avec leurs subordonnés devront faire preuve d'une combinaison de justice et de bonté qui suscite à leur égard loyauté et dévouement » (*Administration industrielle et générale*, 1916). La notion d'échange – la justice suscite la loyauté – était formulée.

Aujourd'hui, la lecture des « codes de conduite » et des rapports an-nuels d'activité montre une forte référence à l'équité. La quasi-totalité des politiques de rémunération l'exprime explicitement : « Rémunérer avec équité » (Cochet, 2003), « Respecter le principe d'équité interne » (Seltzer, 2003). Cette exigence d'équité concerne toutes les catégories de salariés. Les rémunérations des commerciaux, par exemple, ont été très tôt étudiées sous l'angle de l'équité. L'objectif d'un plan de rému-nération des commerciaux est de rémunérer les vendeurs pour le tra-vail fourni de façon équitable.

> « L'équité consiste dans ce cas à rémunérer les commerciaux à des taux compétitifs sur le marché du travail et aussi à assurer un traitement juste des différents membres de l'équipe de vente. L'équité d'un plan de rémunération se pose en fait à différents niveaux » (Darmon, 2001, p. 282).

L'exigence d'équité déborde la question de la rémunération. Toutes les dimensions de la GRH sont concernées. Les salariés expriment une attente d'équité en matière de formation, de promotion et de mobilité, en particulier.

Pour mieux répondre à ces attentes d'équité, une réflexion théorique s'impose. La réflexion sur les différentes formes de justice et sur les principes sur lesquels elles reposent conduit à identifier l'équité comme la justice reposant sur la prise en compte de la contribution de chacun. Elle distingue l'équité de diverses autres formes de justice distributive : la justice sociale, en application d'un principe social dominant, l'égalité stricte et les droits constitués en fonction d'un principe antérieur (propriété, classe, rang), la justice corrective, compensant une perte ou appropriant en raison d'un gain (Rojot, 2003, p. 294). Cependant, les attentes des salariés peuvent être influencées par les pressions culturelles, sociales, politiques en faveur de ces différentes formes. Ainsi, égalité et équité sont parfois considérées comme synonymes dans certaines revendications, certains contextes, certains pays.

Utilisée pour expliquer les comportements individuels et collectifs au travail, la théorie de l'équité éclaire de nombreux domaines de la gestion des ressources humaines. Elle renouvelle les problématiques RH. « La théorie de l'équité est féconde… elle apporte beaucoup à la compréhension des attitudes et des comportements des salariés. Elle peut être utilisée en GRH dans le domaine de l'évaluation des emplois, de l'évaluation des hommes et des rémunérations », constate Bruno Sire (1994, p. 87).

Cette théorie apporte des principes utiles pour asseoir les différentes politiques et pratiques en matière de GRH. Elle est utile en particulier, mais pas seulement, dans le domaine de la rémunération et contribue au renouvellement des politiques et pratiques de rémunération. Elle aide à définir des politiques appropriées pour différentes populations (les expatriés, les chercheurs, les commerciaux, les jeunes, les seniors…). Elle favorise l'amélioration des pratiques d'évaluation et de classification des postes (équité interne), d'appréciation des performances (équité individuelle), d'information sur les politiques et les pratiques (équité intra-organisationnelle) d'intéressement et de partage des gains (équité collective), de recrutement et de communication (auto-comparaison), d'enquêtes de salaires (équité externe).

La première partie de l'ouvrage dessine les enjeux de l'équité. Après avoir identifié le sentiment d'équité, les risques de la non-équité et l'évolution de la réflexion théorique vers la justice processuelle – la capacité des processus managériaux à favoriser une perception de justice – et cerné les différentes approches de l'équité en fonction des référentiels de comparaison retenus, elle examine les conséquences de l'attente d'équité dans tous les domaines RH.

La deuxième partie présente les règles de l'équité. Elle est le fruit de la mise en œuvre d'une justice procédurale reposant sur quatre principes : garantir à chaque salarié une évaluation fiable de sa contribution ; favoriser pour tous l'accroissement de leur contribution mesurée ; définir et afficher les règles reliant contribution et rétribution ; et, enfin, garantir l'équité des décisions.

La troisième partie approfondit quelques principes pour réussir le management de l'équité : responsabiliser les managers, prendre en compte la diversité des attentes, relever les défis de l'internationalisation. Elle présente les architectes de l'équité, équipes RH, Comp & Ben, auditeurs sociaux.

Tout au long de l'ouvrage nous insisterons sur un fondement essentiel de l'équité aujourd'hui : concilier la transparence et la solidarité.

PARTIE I

Les enjeux de l'équité

L'objectif d'équité est omniprésent dans la société. Les grands débats actuels sont souvent abordés en termes d'équité, ainsi que l'illustre la réforme des retraites (équité salariés-fonctionnaires, équité entre classes d'âge, équité entre cadres et non-cadres, équité au sein de l'Europe). Les citoyens attendent de l'État qu'il favorise l'équité. Les salariés attendent de l'entreprise qu'elle y contribue dans son champ d'action.

L'objectif d'équité est également au cœur des stratégies RH. Les salariés veulent être traités avec justice par les autres. Ils veulent aussi être perçus par les autres comme étant eux-mêmes justes. Le développement des pratiques d'individualisation, de flexibilité, d'intéressement et de partage des gains illustre l'évolution d'une logique d'égalité à une logique d'équité. Dans un contexte de pénurie de talents, être reconnue comme une entreprise équitable contribue à construire une « image employeur » attractive et fidélisante.

L'équité occupe dès lors une place importante et devient un concept central dans tous les domaines de la gestion des ressources humaines. Les enquêtes réalisées ces dernières années auprès de diverses populations, dans l'entreprise ou au dehors, en France comme dans les autres pays, ont fait ressortir l'ampleur de l'attente d'équité. On a pu évoquer l'ère du « donnant-donnant » avec le refus d'être perdant dans l'échange. L'exigence de réciprocité ressort dans les enquêtes *auprès des diverses catégories de salariés. Or, aujourd'hui, cette réciprocité est mal perçue. Après 6 000 entretiens, Baudelot et Gollac constatent la montée du sentiment d'être exploité, qui n'est plus réservé aux ouvriers (2002).*

Le débat sur l'équité entre public et privé lors de la réforme des retraites a souligné les enjeux politiques et sociaux du thème. Le discours politique s'est emparé du mot équité. Les mesures doivent contribuer à l'équité entre les citoyens pour être acceptées par l'opinion publique. La difficulté de l'exercice est de dégager une vision partagée de l'équité.

Il est nécessaire de définir le sentiment d'équité et ses déterminants. Cette définition peut s'appuyer sur la théorie de l'équité (Homans, 1959, Adams, 1964). Dans le prolongement de ces travaux d'Homans et d'Adams, diverses recherches ont permis de mieux cerner les risques de la non-équité (chapitre 1) et les multiples formes de l'équité (chapitre 2). Ces travaux ont permis d'accroître l'apport de ces théories à l'amélioration de l'efficacité du management des ressources humaines en dégageant les principes d'une entreprise équitable (chapitre 3).

CHAPITRE 1

Le sentiment d'équité et les risques de la non-équité

Un bref rappel de la déjà ancienne théorie de l'équité permet de mettre en valeur les risques de la non-équité. Les prolongements théoriques et l'évolution de la justice distributive – la comparaison des « combien » – vers la justice procédurale ou processuelle – prise en compte de la capacité des processus à créer le sentiment d'équité – permettent de concevoir un management de l'équité.

LA THÉORIE DE L'ÉQUITÉ

Les travaux d'Homans (1959, 1974) et d'Adams (1963, 1965) proposent une première formulation de la théorie de l'équité. Ils expliquent la motivation au travail par la tendance des individus à comparer leur situation avec celle d'autres personnes. Ils s'appuient sur les travaux de Festinger sur la comparaison sociale (1954) et la dissonance cognitive (1957). Un individu est en situation de dissonance cognitive « lorsque la connaissance qu'il a d'une chose n'est pas en harmonie avec sa connaissance d'un autre objet » (Festinger, 1957), et tout individu a tendance à réduire cet état psychologique déplaisant.

Appliquant ce constat aux situations de travail, Adams et Homans ont montré que la non-équité est source de motivation à agir. Originaire de la psychologie sociale, leur théorie est fondée sur les principes d'échange et de comparaison. Elle distingue trois phases – évaluation, comparaison, action – dans le comportement du salarié.

Évaluation de l'échange

Tout salarié a tendance à évaluer l'ensemble des avantages (nous utiliserons par la suite le terme « rétribution ») qu'il reçoit de son entreprise et des contributions qu'il lui apporte. Lorsqu'il évalue ce qu'il apporte à son entreprise, il peut intégrer dans sa contribution des éléments très divers : expérience, formation et compétences, temps de présence, comportement, efforts, ancienneté, résultats… Les composantes de la rétribution retirée de son emploi sont également très variées. Le salarié évalue sa rémunération dans ses multiples composantes, extrinsèques et intrinsèques, ses conditions de travail, ses possibilités de progression et d'accroissement de ses compétences, les signes de reconnaissance qu'il reçoit, son statut social. La rétribution englobe rémunération et reconnaissance.

Le salarié rapproche ces deux évaluations et détermine un rapport entre elles. Le ratio correspondant – rétribution/contribution – est mémorisé. Ce ratio rétribution sur contribution est appelé *ratio d'équité*. En permanence, un salarié évalue le niveau de son ratio, qui caractérise à ses yeux sa relation d'échange avec son employeur.

Comparaison

Cette évaluation du phénomène d'échange salarial ne demeure pas isolée. Chaque salarié choisit des personnes avec lesquelles se comparer. Il construit des standards de comparaison. Poursuivant son processus de comparaison, le salarié procède à l'évaluation des rétributions et contributions des personnes choisies comme repères et qui deviennent ses référentiels. Il dispose ainsi d'autres ratios d'équité. Il compare ensuite son ratio d'équité avec celui ou ceux qu'il a retenus comme référentiel et ressent un sentiment d'équité ou de non-équité.

Ce n'est pas la différence entre les évaluations de sa contribution et de sa rétribution qui engendre le sentiment d'équité ou de non-équité. C'est la différence relative entre son ratio d'équité et celui de son référent. Ce jeu de comparaison s'appuie sur des ratios reposant sur des perceptions.

Si la comparaison fait ressortir deux ratios égaux, le salarié se considère en situation d'équité. La relation proportionnelle entre les contributions et les rétributions est perçue comme égale. Dès lors que chaque salarié souhaite et recherche un traitement équitable, il est, dans ce cas, satisfait.

Si les deux ratios sont différents, le salarié perçoit une situation de non-équité. La non-équité peut être sous-équité (le ratio est perçu comme inférieur à la base de comparaison retenue : « Vu tout ce que je fais et ce que lui fait, ce n'est pas juste qu'il gagne autant par rapport à moi ») ou sur-équité (« j'ai le sentiment d'être mieux traité que la personne avec laquelle je me compare »). L'équité évaluée peut être interne (dans l'entreprise) ou externe (hors entreprise). Un salarié peut à la fois s'estimer en sur-équité interne et en sous-équité externe ou inversement (« je suis moins bien traité que mes collègues mais je ne pourrais pas gagner autant dans une autre entreprise si je souhaitais changer »).

Soient :

Rs = évaluation de la rétribution que le salarié S retire de son emploi

Cs = évaluation de la contribution que le salarié S apporte à son entreprise

Rr = évaluation par S de la rétribution retirée de son entreprise par la personne prise comme référentiel (R)

Cr = évaluation par S de la contribution apportée à son entreprise par R.

Il y a trois situations possibles à l'issue de la comparaison faite par le salarié avec le référentiel qu'il a retenu :

- sentiment d'équité, lorsque $R_S/C_S = R_R/C_R$

- sentiment de sous-équité, lorsque $R_S/C_S < R_R/C_R$
- sentiment de sur-équité, lorsque $R_S/C_S > R_R/C_R$

La première situation est celle de l'équité, source de mobilisation des salariés. La rétribution est mobilisatrice si elle est perçue comme équitable par les salariés (Guerrero, 2001).

Les deux autres situations provoquent des sentiments de non-équité créant un état de tension, voire de détresse, source de motivation à adopter des comportements contre-productifs (situation 2) ou très productifs (situation 3).

Action

Le salarié en non-équité agit pour réduire et éliminer la tension ressentie. Des chercheurs ont recherché les causes de ce comportement de rééquilibration. Certains ont estimé que la motivation à restaurer la justice résulte du caractère perturbant de l'iniquité. La non-équité remet en cause la compréhension que le salarié a du système interne de régulation et crée donc de l'insécurité. D'autres considèrent la violation de la norme de réciprocité révélée par l'iniquité comme une menace pour l'identité du salarié, un acte de mépris. La « victime » tente alors de redresser la situation pour conserver estime de soi et prestige. L'« exploiteur » s'efforce de le faire pour supprimer son sentiment de culpabilité (Benrais, 2001).

Pour rétablir l'équilibre, l'individu entreprend de modifier ses contributions ou ses rétributions. Nombre d'expériences effectuées en laboratoire se sont intéressées aux conséquences effectives de l'iniquité. Que se passe-t-il lorsque deux personnes de même profil, attelées à une même tâche, sont rétribuées de manière visiblement inégale ? Selon Greenberg (1990), les hypothèses précédentes ont été dans l'ensemble vérifiées. Les observations en entreprise confirment également ces hypothèses : en cas de non-équité, le salarié choisit de rétablir la justice en agissant soit sur son ratio, numérateur et/ou dénominateur, soit sur celui du référentiel (numérateur et/ou dénominateur également) ou, en dernier ressort, en modifiant ses évaluations ou en changeant de référentiel.

On peut schématiser ainsi la réaction de A se considérant en non-équité par rapport à B ; A agit pour rétablir l'équité en égalisant les deux ratios :

$$\frac{R^A}{C^A} \; \pi \; \frac{R^B}{C^B} \Rightarrow \frac{R^A}{C^A} = \frac{R^B}{C^B}$$

Les actions entreprises pour rétablir l'équité peuvent être source de risques et de coûts, lorsque la non-équité est sous-équité.

La théorie de l'équité est une des théories de la satisfaction et de la motivation au travail. Les sentiments d'équité et de sur-équité créent de la satisfaction. Le sentiment de sous-équité crée de l'insatisfaction. L'insatisfaction du salarié est source de tension qui pousse à agir la personne au travail. Dans le processus de l'équité, l'insatisfaction est à l'origine de la motivation à agir dans un sens négatif.

De nombreuses recherches ont éclairé les différents comportements des salariés en non-équité. Elles concernent particulièrement le sentiment de sous-équité. Les sentiments de sur-équité sont moins fréquemment observés et étudiés. Des recherches ont montré qu'avant d'agir le salarié complète son information (pourquoi cette iniquité ?). La motivation à réagir décroît lorsqu'une injustice peut être attribuée à des causes externes, non intentionnelles, occasionnelles.

LES RISQUES DE LA NON-ÉQUITÉ

La non-équité crée un inconfort psychologique. Elle déclenche un mouvement de rééquilibrage. Les comportements engendrés pour la recherche de la justice sont source de risques et peuvent être traduits en coûts. Ils sont particulièrement élevés en cas de sous-équité.

Les coûts de la non-équité

Lorsqu'il se perçoit en situation de sous-équité, le salarié éprouve un sentiment de frustration comparative. Il agit pour accroître son ratio d'équité et/ou réduire celui de son référentiel. Pour accroître son ratio, il peut s'efforcer soit de diminuer le dénominateur soit d'accroître son numérateur. Divers travaux ont montré que le salarié agit en priorité sur le dénominateur en réduisant sa contribution. Le salarié en sous-équité se démobilise.

La démobilisation

Le salarié réduit l'effort fourni dans son travail en se rapprochant du minimum imposé par l'employeur. Il réduit la qualité de préférence à la quantité. Il agit sur la partie la moins visible, non mesurée de sa contribution. Pour réduire les risques liés à cette réduction, le « tire-au-flanc » choisit des actions discrètes et peu visibles (sacrifier la qualité et non la quantité, agir sur ce qui n'est pas contrôlé…) ou non sanctionnables (ne faire que « ce pour quoi on est payé »). La non-coopération, le manque d'initiative, l'absentéisme et la non-qualité sont des indicateurs de la sous-équité.

La sous-équité entraîne la démobilisation. Un employé mobilisé se définit comme « une personne qui déploie volontairement des efforts au-dessus de la normale pour améliorer continuellement son travail, pour l'aligner stratégiquement sur les priorités organisationnelles et pour le coordonner au sein de son équipe de travail en coopérant » (Wills & Labelle, 2002, p. 193). Au lieu d'avoir des salariés mobilisés, c'est-à-dire plus engagés, prêts à fournir des efforts supérieurs à la normale pour contribuer au succès de l'organisation, l'entreprise a des salariés « présents-absents », selon la formule de Thevenet (1992), qui se mettent en retrait et peuvent développer des comportements contre-productifs coûteux : « Qui peut évaluer le coût de tout ce que refuse la personne démobilisée à son entreprise ? Quels sont les impacts de l'indisponibilité, du manque d'initiative, du refus de coopérer, de l'absence d'enthousiasme sur la réalisation des missions organisationnelles ? » (Guerin, 2002, p. 68). Les coûts visibles (perte de productivité, de créativité) ou cachés (non-qualité, absentéisme) sont élevés lorsque le salarié estime que ce qu'il reçoit est insuffisant et refuse de faire des efforts supplémentaires.

La sous-équité, si elle est fortement ressentie, peut même entraîner des actes de sabotage, c'est-à-dire « tout acte intentionnel, individuel ou collectif, portant sur l'outil fabriqué ou sur l'outil de travail, ayant pour résultat une diminution de la production quantitative ou qualitative, temporaire ou définitive », et « c'est tellement facile : la passivité suffit... inattention volontaire, défaut de surveillance, travail sans goût, freinage » (Dubois, 1976, p. 10). « Que cherchent les travailleurs qui freinent ? À rétablir un rapport avantageux entre leur travail et leur rétribution » (*idem*, p. 81).

Les comportements de diminution ou de limitation volontaire de la contribution ont été mis en évidence dans de nombreuses enquêtes dès lors que le salarié a le sentiment de ne pas être équitablement traité.

Les rétributions pirates

Le salarié en sous-équité peut également essayer d'augmenter le numérateur de son ratio, sa rétribution. Il le fait en réclamant des augmentations étayées par des comparaisons internes. « X, qui pourtant est moins bon (ou moins ancien, moins qualifié, moins présent...) que moi, a obtenu tel avantage de plus que moi. Ce n'est pas juste. Je mérite cet avantage. » La revendication peut être directe ou indirecte. Il tentera, par exemple, de valoriser sa contribution pour négocier une augmentation d'une ou plusieurs composantes de sa rétribution.

S'il n'obtient pas satisfaction, il peut rétablir la justice en trichant (détournement de fournitures, utilisation personnelle d'équipements professionnels, remboursements excessifs de frais...). Le téléphone, la photocopie, Internet, par exemple, sont parfois utilisés à des fins personnelles avec comme justification la formule classique : « Vu tout ce que je fais pour l'entreprise et vu ce que je gagne, c'est normal. »

Par souci de justice, le salarié cherche à développer ses rétributions pirates en utilisant clandestinement certains moyens de l'entreprise. Le phénomène est très ancien. L'utilisation d'outils et/ou de matières premières de l'entreprise pour faire des travaux à son compte (les « perruques ») a été observée et interprétée en termes d'action pour rétablir la justice au XIXe siècle. L'absentéisme peut être « la majoration d'un revenu pour une quantité de travail constante » (Dubois, p. 90) et parfois « permettre la majoration du revenu résultant d'un travail effectué en dehors de l'entreprise et mieux rémunéré » (p. 91).

Le salarié qui consacre un certain temps à des activités personnelles avec les équipements de l'entreprise (téléphone, Internet, ordinateur) pendant son temps de travail accroît son ratio en réduisant son dénominateur et, simultanément, en accroissant le numérateur. La non-équité pousse à des comportements non éthiques.

L'action sur le référent

Pour diminuer le ratio repère, le salarié concerné s'efforce de réduire la rétribution de celui qu'il a choisi comme référentiel ou de l'obliger à fournir plus d'efforts.

Par la non-coopération, la rétention temporaire ou la non-transmission d'informations, par des « peaux de banane » judicieusement disposées, il impose un travail accru au collègue pour atteindre ses objectifs. La non-coopération – « je ne suis pas payé pour lui expliquer ce qu'il doit faire » ou « pour lui transmettre des messages », voire « lui rappeler les procédures » – suffit souvent à faire chuter la productivité du collègue. Elle l'oblige à consacrer plus de temps ou d'énergie que nécessaire à l'obtention des résultats attendus dans des organisations reposant sur la fluidité de l'information.

Les comportements observés sont d'autant plus dangereux que l'entreprise doit réagir vite dans un contexte concurrentiel. L'absence de jeu collectif limite la performance de l'organisation. Le dénigrement sous forme de remarques perfides distillées discrètement au moment opportun (lorsque le chef réfléchit aux mesures individualisées) traduit l'effort pour réduire la rétribution future du collègue perçu comme mieux traité. Ce que le chef perçoit comme des marques de jalousie déplaisante est une attente de justice.

Être désagréable avec un collègue correspond à la même démarche. « Je prive le collègue d'un climat de travail convivial et chaleureux parce que, vraiment, il ne le mérite pas. » Les témoignages recueillis lors d'audits d'équité montrent que tout salarié dispose de multiples outils pour agir sur les ratios de ses collègues. Il ne s'en prive pas s'il se sent injustement traité.

Iniquité et burnout

Des études ont montré que le *burnout* (épuisement professionnel) est associé à un sentiment d'iniquité dans la relation qui lie le salarié à l'organisation. L'impression d'un manque de réciprocité entre ce que le salarié investit dans son activité professionnelle et ce qu'il en reçoit suscite stress et burnout (Pezet-Langevin, 2003).

Les effets des sous-équités collective et externe

La sous-équité collective

La non-équité peut être ressentie non seulement par une personne mais aussi par un groupe. Les mêmes comportements peuvent être observés non seulement entre des personnes mais aussi entre fonctions, groupes ou catégories. Les comportements induits sont comparables. Ils ont des conséquences aggravées. Ainsi, la sous-équité perçue par l'atelier vis-à-vis des commerciaux (« ils ont la belle vie, les voyages, les gueuletons… ») peut conduire à une non-coopération au détriment de la satisfaction du client (« nous n'allons pas subir des cadences infernales pour accroître leurs commissions »). Dans la restauration, les sentiments de sous-équité peuvent être observés en cuisine vis-à-vis de la salle (« ils ont des pourboires et pas nous »). Ainsi, les clients tardifs seront refoulés parce que les cuisiniers estiment inéquitable de travailler plus tard ou plus dur « pour accroître le service perçu par les serveurs ».

Les audits d'équité font ressortir l'importance des enjeux de l'équité interfonctionnelle. Aujourd'hui, on constate une autre forme de non-équité entre groupes avec les risques de la non-équité intergénérationnelle. Lors de fusions récentes, des surcoûts importants trouvent leur origine dans les comportements du personnel absorbé se percevant en sous-équité. De même, les différences de traitement perçues entre établissements, filiales, siège social et autres unités suscitent des sentiments dangereux de non-équité.

La sous-équité externe

Le sentiment de sous-équité externe est également coûteux. Dans un contexte de pénurie des compétences, il favorise les démissions. Lorsque le salarié a simultanément des sentiments de sous-équité interne et externe, la propension au départ est forte. Lorsque se conjuguent sous-équité externe et sur-équité interne, le risque de départ est moindre. En effet, tout se passe comme si le salarié était reconnaissant envers l'entreprise qui le reconnaît. Il accepte d'être en dessous du marché dès lors que la situation de ses collègues est au mieux identique. Il ne recherche pas activement une meilleure rémunération ailleurs. Cependant, les offres non sollicitées, de chasseurs de tête par exemple, conduisent à des départs s'il n'existe pas dans l'entreprise de dispositif adéquat de rétention. Des comportements autres que le départ peuvent être observés : démobilisation et performance limitée volontairement.

La multiplication d'enquêtes de salaires, disponibles dans les médias ou sur Internet, diffuse largement des sentiments de sous-équité, renforcés par une lecture souvent hâtive des données. La confrontation avec les réalités du marché du travail fait parfois disparaître le sentiment de sous-équité ! Ainsi, des salariés tentés par les sirènes de la concurrence, à la lecture du numéro spécial Salaire des cadres de certains magazines, découvrent que les entreprises extérieures ne leur proposent pas plus que leur rémunération actuelle et retrouvent un sentiment d'équité externe.

Les comportements et attitudes observables chez les salariés en non-équité sont multiples et dommageables. Ils contribuent à la dégradation du climat social dans l'entreprise. Ils ont des conséquences coûteuses pour l'entreprise.

Les effets de la sur-équité

Moins étudiées car moins fréquemment observées, les situations de sur-équité ne sont pas sans effets. On peut distinguer les effets des sentiments de sur-équité interne et externe, individuelle et collective.

Sur-équité interne et mobilisation

Quelques recherches ont montré que le sujet en sur-équité interne agit principalement sur sa contribution. Un salarié qui considère être mieux traité que ses collègues accroît généralement sa contribution. Il tient ainsi à justifier sa rétribution. Des chercheurs ont constaté que le salarié éprouve des sentiments de culpabilité, d'inquiétude et d'insécurité. D'autres ont souligné le rôle de la peur des mesures correctives susceptibles de faire disparaître l'anomalie. « Si je ne démontre pas que je mérite ma rétribution actuelle, je risque d'être moins augmenté l'an prochain. »

Pour conserver un niveau de rétribution à son avantage, le salarié accroît sa contribution de manière à faire cesser la sur-équité. Ce constat a parfois conduit certains responsables hiérarchiques à favoriser chez leurs collaborateurs des sentiments de sur-équité artificiels (« vous êtes le mieux payé… le plus augmenté… le seul à bénéficier de… ») en s'appuyant sur la confidentialité des situations salariales et l'absence d'échanges d'informations entre salariés. Ces manipulations, apparemment efficaces à court terme, sont source de risques élevés dans le temps. Le sentiment d'équité ne peut être complètement et socialement construit ou manipulé par une gestion des impressions (Saint-Onge, 1994).

Le salarié qui a un sentiment de sur-équité agit principalement sur sa contribution. En accroissant sa contribution, il réduit son ratio et le ramène à celui de son référentiel. La sur-équité engendre un accroissement de la motivation et de l'effort.

On a également observé des comportements coopératifs visant à faciliter le travail du collègue plus mal loti. On allège l'effort qu'il doit fournir pour obtenir les résultats attendus de lui. On l'aide à effort identique, à afficher de meilleurs résultats pour lui obtenir une meilleure rétribution. Dans certains cas, on partage avec lui une partie de ses propres résultats.

Le sentiment de sur-équité peut être collectif. Une équipe de travail, une catégorie de salarié, une fonction peuvent se percevoir en sur-équité par rapports à d'autres dans l'entreprise. Elles mettent souvent un point d'honneur à présenter des résultats élevés justifiant leurs avantages.

Dans d'autres contextes, des travaux ont cependant montré une tolérance à la non-équité : c'est le cas dans les organisations où le risque d'actions correctives n'est pas perçu. Ce peut être le cas d'organisations où les décisions individuelles reposent sur des automatismes réglementaires (fonction publique, par exemple). Ce peut aussi être le cas de structures jugées inéquitables parce que les mécanismes de mesure et de reconnaissance de la contribution sont considérés comme défaillants. Cette tolérance concerne également la sur-équité collective.

Ainsi, les effets de mobilisation d'un sentiment de sur-équité sont plus aléatoires que le risque de démobilisation par la sous-équité. Accepter les situations de non-équité en considérant que les avantages retirés des sentiments de sur-équité compensent les inconvénients des sous-équités est un mauvais calcul. Seul un sentiment répandu d'équité interne favorise la performance de l'organisation.

L'efficience de la sur-équité externe

George Homans (1954) avait remarqué que les caissières d'une entreprise ayant des salaires supérieurs à ceux du marché dépassaient en moyenne, et de façon significative (+ 17 %), la norme collective de rendement fixée par l'employeur. La théorie du salaire d'efficience l'explique : selon cette théorie, le versement de salaires supérieurs en niveau à ceux du marché accroît l'effort et la productivité des salariés. La stratégie qui consiste à proposer des rémunérations élevées a un triple intérêt (Amadieu, 1995) :

■ elle attire une main-d'œuvre de meilleure qualité. Le salaire élevé proposé est un indicateur de la qualité recherchée ;
■ elle réduit les départs et les coûts qui en découlent ;
■ elle incite les salariés à l'effort.

Trois explications de l'effet positif du salaire d'efficience sur la contribution des salariés ont été avancées :

■ la crainte de perdre un emploi bien rémunéré stimule la performance et la loyauté ;

- le mécanisme du « don-contre-don » ; les économistes ont étudié les effets de la sur-équité externe et évoqué « l'échange de dons partiels réciproques » (Akerlof, 1982) ;
- le mécanisme de l'équité.

La sur-équité externe a un fort pouvoir incitatif. Ce pouvoir peut être contrecarré par des sentiments de sous-équité interne. Ainsi, lorsqu'un salarié se perçoit en sous-équité interne et sur-équité externe, on observe un comportement de démobilisation conjugué à des attitudes revendicatives. C'est particulièrement fréquent chez les salariés anciens dans les organisations offrant des conditions supérieures au marché (au moins pour les insiders) : « X est entré en même temps que moi, il n'est pas meilleur que moi et pourtant son coefficient est supérieur au mien… Je partirais bien mais, avec mon ancienneté, je ne trouverai pas le même salaire ailleurs… alors je suis très démotivé et je râle dès que je peux ! » De tels constats sont fréquents. Ils relativisent les effets à attendre d'un positionnement salarial au-dessus du marché qui ne s'accompagne pas d'une équité interne incontestable.

DU COMBIEN AU COMMENT : LA JUSTICE PROCESSUELLE

Les travaux d'Homans et Adams ont suscité de nombreux prolongements. Les recherches sur les formes et les sentiments de justice se sont multipliées. Les réactions à l'iniquité, d'une part, les perceptions variées, contingentes, évolutives et conflictuelles des normes de justice, d'autre part, ont attiré l'attention des chercheurs.

Depuis son introduction dans le modèle de Lawler en 1971, la théorie de l'équité a été reprise dans les différents modèles reliant rémunération, satisfaction, motivation et implication.

L'approche économique

Les économistes ont progressivement intégré une approche de l'équité. Jusqu'au début des années soixante-dix, la plupart des économistes traitaient la relation salariale comme une situation marchande quelconque. L'aspect imparfait du contrat de travail – il existe une incertitude irréductible quant à la qualité de la prestation de travail – apparaît désormais comme une caractéristique essentielle de la relation salariale. Certains soulignent l'impossibilité de prévoir à l'avance la qualité et l'intensité du travail requises et d'évaluer ensuite les résultats obtenus. D'autres considèrent que c'est le coût de la prévision et de sa formalisation contractuelle qui conduit à y renoncer.

Pour ceux qui considèrent que l'incomplétude du contrat de travail est une donnée structurelle, les règles ne permettent une évaluation du travail des salariés qu'en termes relatifs et non absolus et ne peuvent permettre d'assimiler échange salarial et échange de biens (Reynaud, 1994).

Le salaire d'efficience

L'effondrement des paradigmes traditionnels conduit à de nouvelles approches centrées sur l'organisation et le marché interne du travail, avec les versions économique ou sociologique du « salaire d'efficience ». Dans ces versions, les écarts de salaires sont au moins aussi importants que les niveaux absolus. Dans ces modèles, le niveau de salaire détermine celui dc la productivité du travail. Les économistes ont également développé des modèles d'équité du salaire d'efficience accordant une place centrale au pouvoir incitatif du niveau relatif du salaire et à la démarche comparative du salarié.

Akerlof (1982) identifie une norme de réciprocité dans l'échange effort-salaire entre employeur et salarié en s'appuyant sur les travaux d'Homans. Pour expliquer l'effet de la sur-équité externe, il introduit la notion d'équité à deux moments successifs : d'une part, lorsque le salarié détermine un niveau d'effort supérieur à la norme minimale exigée, il fait un « don » à l'employeur. En retour de ce don, il attend un juste salaire, une certaine clémence pour le respect des normes de travail et une indulgence envers les salariés les moins performants. Il veut être récompensé de ce don.

D'autre part, l'employeur verse un salaire supérieur à celui du marché en échange de l'effort du groupe.

Akerlof montre l'importance des dynamiques collectives dans la formation du salaire. Le salaire est la contrepartie de deux règles d'équité : la solidarité entre salariés et le « don-contre-don » (Reynaud, 1994, p. 68). Le modèle d'Akerlof et Yellen (1990) combine équité interne et externe. L'effort du salarié dépend de l'écart entre le salaire jugé comme équitable et le salaire effectivement perçu. Tahar (1993) a validé par tests économétriques l'hypothèse d'une norme d'équité construite par les salariés au vu des écarts de rémunération. Ainsi, progressivement, les économistes ont intégré l'équité dans leur approche du salaire.

Équité et rémunération

La meilleure compréhension des attitudes et comportements des salariés que donne la théorie de l'équité favorise son utilisation pour explorer les divers compartiments d'une politique de rémunération globale. Ainsi, elle permet de mieux appréhender l'efficacité d'une approche « cafétéria » (rémunération à la carte) (Soulié, 1997).

Cependant, la validité empirique de la théorie n'est qu'imparfaitement démontrée concernant l'impact du sentiment d'équité sur la motivation, alors que de nombreuses études empiriques ont validé le lien entre perception de l'équité et satisfaction (Scholl et al., 1987 ; Blau, 1994). Certains travaux ont conduit à rejeter un lien positif entre sentiment d'équité et performance (Summers et Hendrix, 1991). D'autres ont montré que l'équité favorisait les efforts (Scholl et al., 1987) ou la qualité (Cowherd et Levine, 1992). Ronen a montré l'influence du sentiment d'iniquité externe sur la propension au départ et son renforcement lorsqu'il y a également sous-équité interne. D'autres études ont souligné l'influence de la perception de l'équité sur l'adhésion aux valeurs de l'entreprise (Cropanzano et Folger, 1991). La perception d'équité semble favoriser l'acceptation d'une politique de rémunération. Les travaux réalisés en France semblent valider l'influence des perceptions d'équité sur la satisfaction, la motivation et la mobilisation (Benrais, 2001).

La construction du sentiment d'équité

Il existe une difficulté méthodologique lors des expérimentations pour calculer les ratios perçus par le salarié. La distinction entre rétribution et contribution est elle-même délicate. Ainsi, le niveau de responsabilité peut être perçu comme un élément de la rétribution (avantage retiré du poste) ou de la contribution, selon les salariés. Il en est de même du degré de participation ou de la formation (Maillet, 1989). Offrir une formation peut être perçu par l'entreprise comme une forme de rétribution et par le salarié comme un effort contributif. Cette diversité des sensibilités individuelles peut expliquer certaines contradictions dans les résultats des tests empiriques, notamment en cas de sur-équité. L'action pour mettre fin à des situations de sur-équité dépend de caractéristiques individuelles (Huseman et al., 1987). La majorité des études de validation ont été réalisées en situation de laboratoire et n'ont pas la puissance des recherches empiriques.

Enfin, chaque salarié construit ses ratios (personnel et référent) selon son système de perception. Il accorde un poids différent à tel ou tel élément de contribution ou de rétribution. La tendance à une rémunération globale intégrant des composantes variées diversifie les déterminants de l'équité et rend complexes les comparaisons. Le salarié dispose rarement de méthodes de valorisation lui permettant des comparaisons pertinentes.

Dans la prise en compte de sa rétribution, le salarié intègre non seulement les composantes de la rémunération et tous les signes de reconnaissance, mais aussi l'ensemble des pratiques RH dont il bénéficie (formation, conditions de travail…). Les deux éléments – rétribution et contribution – que chaque salarié utilise sont donc des construits complexes. La maîtrise des sentiments d'équité s'avère donc extrêmement délicate pour l'organisation.

Homans et Adams fondent les comparaisons sur le principe unique de proportionnalité (ratio). D'autres chercheurs l'ont remplacé par celui de correspondance. Les salariés sont dotés de caractéristiques statutaires auxquelles sont associées des images de contributions attendues et de rétributions potentielles. L'équité est définie comme l'attribution de rétributions adéquates à une performance jugée elle-même adéquate. Lorsque la rétribution correspond à la contribution, le salarié ressent une équité.

Un important dispositif de communication sur toutes les dimensions de la GRH, au-delà de la gestion de la rétribution globale, apparaît nécessaire sans pour autant être suffisant. En effet, le choix du référentiel est également subjectif. Or, dans la théorie de l'équité, le référentiel retenu a une importance considérable. Le choix influe sur la nature du sentiment d'équité. L'origine du point de comparaison choisi par le salarié joue un rôle fondamental dans la perception. Dans le chapitre 2, les différents types d'équité engendrés par les divers référentiels possibles sont examinés.

L'équité processuelle

L'approche de l'équité développée précédemment correspond à une notion de justice distributive centrée sur la rétribution allouée à chacun. Or, à plusieurs reprises, il est apparu dans l'inventaire ci-dessus que le sentiment d'équité intra-organisationnelle dépendait de la confiance du salarié dans les processus permettant à son organisation d'évaluer sa contribution et celles des autres, de déterminer et d'appliquer les relations entre contributions et rétributions. La perception d'équité des décisions ne dépend pas seulement du contenu de ces décisions mais aussi et surtout des processus utilisés pour y parvenir. Le concept d'équité processuelle (traduction française de *procedural justice*) enrichit et complète la théorie de l'équité.

Du combien au comment

Le concept d'équité procédurale développé dans le milieu des années 1970 permet d'étudier les procédures qui agissent sur le sentiment d'équité. La préoccupation n'est plus centrée sur la comparaison des perceptions des « combien ? » mais sur la perception par le salarié du caractère équitable de la politique de rémunération, du système et de l'ensemble des procédures, d'une part, et de leur traduction opérationnelle à travers les décisions collectives et individuelles (les « comment ? »), d'autre part.

« L'idée que l'impression de justice était relative et établie en référence à une norme [...] a donné naissance à un fructueux courant d'analyses, d'hypothèses et de recherche. Une distinction fondamentale a été ensuite apportée par Thibault, psychologue social, et Walker, juriste, qui [...] mirent en évidence l'importance de la justice procédurale indépendamment de la justice distributive [...]. Nombre de recherches ont suggéré qu'elle puisse contribuer puissamment à l'efficacité et l'efficience du fonctionnement des organisations » (Rojot, 2003, p. 295).

De nombreuses études empiriques ont été réalisées sur l'équité processuelle dans les années quatre-vingt-dix. Justice distributive et justice processuelle sont aujourd'hui associées dans le concept de *justice organisationnelle* (Greenberg, 1990). Certaines études ont montré que l'acceptation globale d'une politique dépendait de la perception du processus de décision plus que des montants distribués (Giacobbe-Miller, 1995).

Les composantes de la justice processuelle

Rojot identifie sept composantes de la justice processuelle (2003, p. 297) :

- la capacité du salarié d'avoir eu une influence sur la décision qui le concerne en ayant pu présenter son cas et exprimer son point de vue ;
- la cohérence de la décision avec les pratiques habituelles par rapport aux autres, au temps, aux attentes ;
- un comportement du décideur qui traduit la rigueur, le respect, le sérieux, l'intérêt avec lesquels le cas a été traité ;
- l'absence totale de discrimination de la part du décideur dans le traitement du cas ;
- la perception de l'effort du décideur pour réunir toutes les informations pertinentes pour avoir une base sérieuse de décision ;
- l'absence de secret dans le déroulement de la procédure ;
- l'existence d'une possibilité d'appel.

Les dispositifs mis en place dans l'organisation sont perçus comme équitables dès lors que ces composantes sont largement réunies.

La justice interactionnelle

Le processus de communication entre le décideur – manager de proximité, par exemple – et le collaborateur concerné a fait l'objet d'études centrées sur la justice interactionnelle. Lorsque la hiérarchie fait preuve de politesse, d'honnêteté, de respect, il y a justice interactionnelle. Au contraire, les comportements inverses suscitent un sentiment d'injustice interactionnelle et provoqueront des réactions négatives (Cohen, Charash & Spector, 2001).

Justice distributive versus justice procédurale

Le salarié peut avoir des évaluations différentes de l'équité des processus et des distributions en résultant. Les chercheurs ont analysé les quatre situations envisageables et leurs conséquences :

- Procédure et distribution équitables : on constate un fort sentiment d'équité.
- Procédure inéquitable et distribution équitable : les recherches indiquent que le salarié ne se préoccupe pas de l'équité procédurale lorsque la distribution est considérée comme juste. Il constate l'injustice sans pour autant réagir.
- Procédure et distribution inéquitables : on constate toutes les conséquences précédemment évoquées de la non-équité.
- Procédure équitable, distribution inéquitable : les recherches nord-américaines montrent que le salarié accepte de « travailler dans le système » pour augmenter sa performance et sa rétribution futures. La confiance dans la procédure n'est pas supprimée du fait du résultat constaté. Il est possible que des recherches menées en France et en Europe fassent ressortir des résultats très différents liés à la place accordée aux procédures.

Ces résultats soulignent l'importance primordiale de la justice procédurale. Pour éviter que les comparaisons ne portent sur les « combien », c'est-à-dire sur une justice distributive difficile à démontrer, une grande transparence sur les « comment », gage de la justice proces-suelle, s'impose. Si les salariés ont confiance dans l'équité des procédu-res de l'organisation, ils acceptent les anomalies qu'ils constatent. Ils considèrent qu'elles sont justifiées par des facteurs qu'ils ne connais-sent pas, ou qu'elles seront corrigées par l'organisation elle-même.

Chapitre 2

Référentiels et concepts d'équité

Le processus de comparaison sociale constitue un déterminant majeur de la satisfaction. Toutes les recherches sur l'équité ont conclu à l'inexistence d'un référent universel ou unique en matière de jugement. Les salariés établissent leur perception d'équité sur plus d'un référent. Leurs réactions varient suivant les différentes perceptions.

Selon la nature du référentiel retenu par le salarié comme élément de comparaison, il est possible de distinguer divers types d'équité. Ainsi, parmi les typologies proposées, celle de Blau (1994) distingue cinq référentiels :

- référentiel historique (comparaisons dans le temps) ;
- référentiel social (comparaisons avec son environnement social) ;
- référentiel financier (comparaison avec ses besoins) ;
- référentiel organisationnel (comparaisons internes) ;
- le marché (comparaisons externes).

Saint-Onge (1998, p. 488) fait ressortir six types d'équité à considérer en matière de rémunération :

- équité légale, c'est-à-dire le respect des différentes lois concernant les rémunérations ; la conformité légale, réglementaire et conventionnelle, contribue à la perception du sentiment d'équité ;
- équité externe ou compétitivité sur le marché (cf. *infra*) ;

- équité individuelle ou reconnaissance de la contribution individuelle (cf. *infra*, équité interindividuelle) ;
- équité interne ou cohérence dans la rémunération des différents
  emplois de l'entreprise (cf. *infra*, équité intra-organisationnelle) ;
- équité collective ou reconnaissance de la contribution collective
  (cf. *infra*, équité collective) ; cette équité s'apprécie dans l'organisation (entre équipes, entre fonctions, entre établissements) et
  en externe (entre entreprises) ;
- équité du processus de gestion de la rémunération (cf. équité
  processuelle).

Nous distinguerons dans ce chapitre les divers types d'équité interne
et externe, où la comparaison se réfère aux autres. Or, il est apparu
qu'un salarié ne s'évalue pas exclusivement par rapport à autrui. Il utilise des critères internes organisés par l'expérience et aussi une référence à lui-même à l'origine de l'équité avec soi (auto-comparaisons).
Nous étudierons donc également l'équité avec soi.

ÉQUITÉ INTERNE

Le salarié peut se comparer avec d'autres salariés de l'entreprise ou
bien avec des personnes extérieures. Dans le premier cas, on parle
d'équité interne.

L'équité interne repose sur les comparaisons entre des salariés de la
même organisation. Les analyses d'Adams ont progressivement été
affinées, permettant de distinguer plusieurs types d'équité interne :
équité interindividuelle (au sein du même emploi), équité fonctionnelle, équité collective, équité générationnelle, équité légale, équité
intra-organisationnelle.

Équité interindividuelle

Les comparaisons internes peuvent concerner des salariés occupant le
même emploi. On parle alors d'équité interindividuelle car les éléments comparés sont des caractéristiques propres à l'individu. Long-

temps, le principe des politiques salariales était « à poste égal, salaire égal ». À l'exception des ouvriers payés « au rendement », les aspects individuels pris en compte pour rémunérer étaient liés à l'ancienneté ou, plus rarement, à la situation de famille, au sexe, au diplôme, au lieu de résidence.

Le salaire au rendement était perçu comme équitable dans son principe mais son application suscitait des réserves croissantes et entraînait des conflits et des coûts de fonctionnement élevés. Progressivement, les modalités de salaire au rendement calculé à partir du comptage de la production et de sa traduction en temps alloué ont été abandonnées. Le temps de deux salariés occupant le même emploi était considéré de valeur identique.

À l'époque des salaires administrés, l'État imposait cependant deux abattements au salaire fixé pour la classification. L'abattement féminin prenait en compte le fait que l'homme, alors chef de famille, avait des obligations financières plus lourdes que la femme. L'abattement province tenait compte d'un coût de la vie moindre en province. Dans ces deux cas, il apparaissait juste de considérer les besoins pour modifier le niveau de salaire d'un même emploi.

Il était également accepté que la fidélité du salarié – et l'expérience en découlant – accroisse la rétribution. Cette fidélité était souvent doublement récompensée lorsque la rémunération du grade lié à la personne se substituait à celle du poste occupé.

La prise en compte de la situation familiale récompensait un comportement citoyen dans le cadre d'une politique nataliste nationale à laquelle l'entreprise rajoutait sa contribution. Les compléments familiaux renvoient également à une approche de l'équité prenant en compte les besoins.

Il était également, dans certaines professions ou entreprises, considéré comme équitable de récompenser le développement des compétences par la formation continue avec les fameux « points diplômes » obtenus à l'issue de la formation. Le comportement du salarié qui se forme devait être valorisé explicitement.

Les autres éléments de différenciation traditionnellement acceptés concernaient les horaires atypiques, certaines nuisances supportées par une partie seulement des salariés occupant cet emploi.

Ces différences de traitement peu nombreuses et reposant sur des critères anciens et acceptés ont longtemps eu une faible incidence sur le sentiment d'équité. Le développement de l'individualisation a accru l'importance de cette forme d'équité. Désormais, le principe est « à poste égal, perspectives égales ». Deux salariés occupant le même poste peuvent avoir deux niveaux différents de rémunération fixe et/ou variable et avoir des perceptions différentes de leur équité relative.

La recherche de l'équité individuelle dans un contexte d'individualisation implique une mesure fiable, convenue et acceptée, des éléments qui seront pris en compte pour hiérarchiser les contributions et rétributions. La qualité de l'évaluation des performances individuelles devient essentielle.

Équité fonctionnelle

Les comparaisons peuvent se faire à l'intérieur d'une fonction entre salariés occupant des emplois différents. Lorsque les référents internes appartiennent au même service, à la même fonction sans occuper des postes identiques ou équivalents, on parle d'équité fonctionnelle. Il en est ainsi des comparaisons entre commerciaux de la même entreprise (Darmon, 2000). L'un des déterminants essentiels du sentiment d'équité fonctionnelle est la grille de classification des emplois dans la fonction. Chaque salarié est attentif au positionnement relatif de son emploi par rapport à ses collègues de la fonction. Que son coefficient résulte de la pesée qui a été faite de son poste ou d'un rangement dans la grille conventionnelle, le salarié le compare au coefficient dont bénéficient les postes de ses collègues et en tire un sentiment d'équité (ou de non-équité).

Les changements d'organisation dans une fonction modifiant les activités et responsabilités des postes entraînent des réévaluations permanentes par les salariés de la pertinence relative de leur coefficient. Leur revendication d'équité peut être individuelle ou collective.

Équité collective

Lorsque les comparaisons concernent les salariés de l'ensemble d'un service, d'une unité, d'un département, d'une division, d'un établissement ou d'une filiale, on parle d'équité collective. Le sentiment d'équité repose sur la disparité constatée entre deux collectifs de travail : « Les commerciaux sont trop bien payés par rapport à nous », « à Lille, ils ont une prime que nous n'avons pas », « dans tel service, ils ont obtenu vingt-trois jours de RTT », « dans l'autre département, ils ont des titres restaurants ». Ces perceptions mettent en danger l'équité interne sous sa forme d'équité collective. La prise en compte au sein de l'organisation de la performance collective de chaque entité à travers les systèmes d'intéressement, d'avantages sociaux et de partage des gains renforce l'équité collective. La cohérence de la rétribution globale des salariés appartenant à un collectif avec leur contribution au succès de l'organisation conditionne le sentiment à l'équité collective.

Équité générationnelle

Les comparaisons entre classes d'âge au sein de l'entreprise se développent. On se réfère dans ce cas à l'équité générationnelle. Les excellentes conditions offertes aux jeunes diplômés recrutés entre 1999 et 2001 ont suscité un sentiment de sous-équité chez les trentenaires, arrivés sur le marché du travail entre 1990 et 1996 et qui ont connu la galère, les petits boulots, la condescendance des recruteurs, les CDD… Les baby-boomers nés entre 1946 et 1955 peuvent s'estimer en sous-équité en termes de départ anticipé et de retraite par rapport à leurs anciens, qui ont bénéficié de préretraites avantageuses. Chaque génération découvre qu'elle a bénéficié ou pâti de contextes économiques et démographiques source d'iniquités.

Équité légale

La comparaison entre les situations constatées et les normes légales, réglementaires, conventionnelles ou statutaires crée un sentiment d'équité légale. Le SMIC et les minima conventionnels constituent une première base de comparaison. Bénéficier de tous les avantages prévus par les textes est une condition du sentiment d'équité.

Les lois sur les trente-cinq heures ont modifié les normes de l'équité. La diminution de la contribution mesurée en temps de travail ne devait pas entraîner, selon le discours officiel, de réduction de la rétribution. Les pressions pour accroître la productivité, pour négocier des accords ARTT (aménagement et réduction du temps de travail) ont été perçues comme en contradiction avec un droit nouveau. Sur le terrain, de nombreux salariés ont résisté à la mise en œuvre de l'annualisation, censée compenser le coût de la réduction.

L'égalité homme/femme est devenue une norme d'équité légale forte, en France comme dans les autres pays. Dans l'immédiat après-guerre (1945-1950), il existait un « abattement féminin » légal. À poste égal, le salaire des femmes était moindre. Il s'agissait de prendre en compte l'équité financière. Les besoins de l'homme, chef de famille devant subvenir aux charges de la famille, dépassaient ceux de la femme. Les évolutions sociales, culturelles, politiques ont modifié l'attente d'équité. Dès 1972, la loi a défini la norme d'équité : « À travail égal-salaire égal ». Aujourd'hui, toute discrimination de rétribution liée à des caractéristiques individuelles est en contradiction avec l'exigence d'équité légale. La jurisprudence impose à l'entreprise de pouvoir justifier toutes les différences.

Équité intra-organisationnelle

Lorsque les comparaisons peuvent concerner tous les postes et les salariés d'une organisation, on parle d'*équité* intra-organisationnelle. Le sentiment d'équité repose sur la prise en compte des caractéristiques des postes (niveau de responsabilité, exigences en termes de compétences, contribution attendue aux résultats, par exemple) et de celles des titulaires (compétences et performances, notamment).

On réserve parfois l'expression *équité interne* pour qualifier l'équité entre postes et emplois. L'exigence d'équité interne consiste alors à garantir des perspectives équivalentes de rétribution à des salariés occupant des emplois de même niveau et des perspectives différentes pour des emplois de valeur différente. Il est nécessaire d'évaluer la valeur relative des emplois à l'intérieur de l'organisation en comparant leurs exigences et finalités respectives grâce à des méthodes reconnues comme fiables pour réaliser la « pesée des postes ».

ÉQUITÉ EXTERNE

L'équité externe fait référence à la perception que le salarié a de son ratio d'équité par rapport à des personnes extérieures à son entreprise.

Équité inter-organisationnelle

Lorsque la personne se compare à des salariés occupant des postes comparables dans d'autres organisations, on parle d'équité inter-organisationnelle (Scholl et al., 1987). Le développement des enquêtes de salaires publiées dans la presse ou sur Internet favorise l'évaluation de cette forme d'équité. Chaque salarié recherche dans ces enquêtes l'emploi type le plus proche de celui qu'il occupe, prend en compte les autres critères déterminants (taille de l'entreprise et secteur d'activité, généralement), calcule la rétribution théorique de son poste et ressent fréquemment un sentiment de sous-équité.

Équité avec le monde

Lorsque le salarié se compare plus généralement avec des personnes exerçant d'autres fonctions dans d'autres organisations, éventuellement dans d'autres pays, on parle alors d'*équité avec le monde*.

Un salarié se compare fréquemment avec ses camarades d'études, notamment lorsqu'il a suivi un cursus professionnalisant. Les anciens de sa promotion constituent un référentiel très fort dans les cursus sélectifs.

Un salarié peut aussi avoir un sentiment d'iniquité en comparant son ratio à celui d'une catégorie qu'il considère comme privilégiée (sportifs de haut niveau, détenteurs de stock-options dans des start-up de la nouvelle économie, par exemple).

Les salariés les plus mobiles, disposant de compétences recherchées dans de nombreux pays, sont sensibles aux comparaisons internationales. Certains pays connaissent une fuite de compétences liée à la perception de sous-équité.

Équité collective

L'ensemble des salariés d'une entreprise évaluent leur situation en se comparant avec les salariés d'autres organisations et se considèrent en *équité collective* ou non. Les salariés estiment que leur contribution collective, reflétée par la création de valeur et l'accroissement des profits, doit se traduire par un niveau collectif de rétribution plus élevé. Les mécanismes de partage des profits répondent à ce besoin d'équité collective (régimes de participation et d'intéressement, actionnariat).

ÉQUITÉ AVEC SOI

Le salarié réalise également des auto-comparaisons (Theriault, 1983). Il se compare avec sa situation les années précédentes, avec l'image qu'il a de lui et avec ses attentes à l'égard de l'organisation.

Équité historique

Le salarié peut comparer son ratio actuel avec le souvenir conservé de ses ratios passés. On parle alors d'*équité historique*. Les risques d'iniquité sont particulièrement forts pour certaines catégories (salariés arrivés sur un plateau de carrière), certaines fonctions (lorsque le commercial devient stratégique au détriment du technique, par exemple) et dans certains contextes (rigueur salariale, course à la productivité…).

Le salarié utilise aussi ses ratios futurs. Il examine si les perspectives internes de progression de son ratio sont satisfaisantes. « J'ai atteint le salaire maximal de mon poste. Il ne sert à rien de continuer à me défoncer », constate le salarié privé de perspectives.

Équité idéale

Le salarié compare aussi son ratio avec ce qu'il devrait être. Chaque individu établit par expérience une notion du juste. Les interactions sociales conduisent peu à peu les salariés à développer des attentes de type probabilistes relatives à l'association entre contribution et association. Ces attentes se transforment ensuite progressivement en norme du juste (Benrais & Peretti, 2002).

On parle d'équité idéale lorsque le salarié prend comme référent sa norme du juste. Il compare sa rétribution effective avec ce qu'il estime être sa rétribution méritée en fonction de la valeur qu'il attribue à sa contribution. La théorie de la divergence (Lawler, 1971) stipule que la satisfaction d'un salarié est déterminée par sa perception de la différence entre ce qu'il désire retirer de son travail et ce qu'il en retire effectivement.

Équité attendue

Enfin, le salarié compare son ratio avec les promesses, implicites ou explicites, de son organisation. Il prend particulièrement en compte les engagements exprimés lors de son recrutement ou de ses entretiens périodiques d'évaluation. La comparaison peut s'appuyer sur des pratiques passées. « Le salarié qui était classé A avait toujours une augmentation individuelle… Après une formation longue, on a toujours eu une promotion… Avant, le plus ancien était le premier promu… » Elle repose également sur les engagements pris dans les politiques affichées. Tout écart entre les principes annoncés et les réalités constatées favorise un sentiment de non-équité.

Ainsi, la perception de l'équité résulte non seulement d'évaluation subjective d'éléments eux-mêmes subjectivement sélectionnés, mais aussi, en partie, d'un processus d'autodétermination. Rendre un plan de rétribution équitable nécessite de tenir compte des perceptions et préférences de chacun ainsi que du marché du travail. L'entreprise peut choisir d'offrir à ses salariés certaines formes d'équité. « Ce n'est que dans des cas particuliers et inhabituels que l'entreprise pourra offrir plusieurs formes d'équité simultanément », estime Darmon, dont une étude suggère qu'une entreprise, à la faveur d'une asymétrie d'information avec ses vendeurs, a intérêt à laisser ses commerciaux croire à « un semblant d'équité » plutôt que de leur assurer une équité véritable (2001, p. 287).

Selon les périodes et ses choix stratégiques, l'entreprise établira une priorité entre les types d'équité. Dans la fièvre des années 1999-2000, marquées par des difficultés fortes pour attirer et fidéliser certaines catégories de salariés, certaines entreprises ont choisi de privilégier l'équité externe en s'alignant sur le marché. Certains recrutements ont ainsi provoqué de forts sentiments de non-équité interne.

CHAPITRE 3

Les politiques et pratiques RH face aux attentes d'équité

L'attente d'équité est forte dans l'ensemble des domaines de la gestion des ressources humaines. La théorie de l'équité apporte des principes utiles pour asseoir les différentes politiques et pratiques en matière de GRH et en particulier, mais pas seulement, dans le domaine de la rémunération. Elle aide à définir des politiques appropriées pour différentes populations (les expatriés, les commerciaux, les jeunes…). Elle favorise l'amélioration des pratiques d'évaluation et de classification des postes (équité interne), d'appréciation des performances (équité individuelle), d'information sur les politiques et les pratiques (équité intra-organisationnelle), d'intéressement et de partage des gains (équité collective), de recrutement et communication (équité avec soi), d'enquêtes de salaires (équité externe).

Dans un premier temps, les travaux sur l'équité se sont centrés sur la rémunération, plaçant l'équité salariale au cœur de la quête de l'équité. Progressivement, l'approche s'est révélée indispensable pour l'ensemble des décisions relatives à l'emploi et au parcours professionnel. Son apport est apparu essentiel dans toutes les problématiques RH. Ainsi, l'évolution des pyramides des âges a renforcé l'intérêt pour l'équité intergénérationnelle.

L'ÉQUITÉ SALARIALE

La définition et la mise en œuvre des politiques de rémunération ont un impact déterminant sur les perceptions d'équité.

Équité et différenciation

L'individualisation développée depuis vingt ans favorise, en principe, l'équité. Deux salariés qui contribuent différemment aux résultats de l'entreprise pourront être rémunérés différemment. Cette politique ne se traduit pas facilement en décisions individuelles. Les audits des politiques d'individualisation des rémunérations réalisés ces dernières années font ressortir les réticences de l'encadrement à prendre des mesures réellement sélectives. Ainsi, les décisions d'augmentations individuelles combinent « saupoudrage » et « tournante » plus que souci d'équité. Les principes définis sont peu respectés du fait des résistances de l'encadrement de proximité. Le salarié constate une contradiction entre le discours et la réalité. Il en résulte une perte de confiance et un sentiment d' « injustice organisationnelle ».

La jurisprudence a progressivement précisé l'application de la règle « à travail égal, salaire égal ». Elle n'interdit pas une disparité de rémunération mais celle-ci doit reposer sur un élément objectif que les magistrats jugent pertinent. Soucieuse de l'équité légale, l'entreprise veille à distinguer les niveaux de rémunération en fonction des raisons objectives de différenciation admises par la chambre sociale de la Cour de cassation, parmi lesquelles :

- différences établies par convention collective ;
- prise en compte d'une contrainte supplémentaire ou d'un travail spécifique ;
- l'ancienneté ;
- l'exercice de fonctions qui ne sont pas identiques ;
- la contrepartie de sacrifices acceptés par certains salariés.

La transparence et l'objectivité sont les conditions de l'individualisation des rémunérations depuis l'arrêt Ponsolle de 1996. Ainsi, les augmentations individuelles ne peuvent être accordées de manière discriminatoire. L'employeur doit énoncer ses raisons de différenciation. Au-delà de la transparence, le juge contrôle la pertinence des raisons.

Les enquêtes d'opinion auprès des salariés permettent de connaître l'importance de la différenciation acceptée. Dans certains cas, des écarts de 1 à 1,2 entre minimum et maximum de la fourchette de rémunération d'un poste apparaissent excessifs. D'autres contextes acceptent des écarts de 1 à 2.

Hiérarchie des rémunérations et équité

En 2002, la publication d'informations sur la rémunération de certains dirigeants a provoqué de vifs sentiments de non-équité et des revendications d'augmentation salariale. « Méritent-ils ce qu'ils gagnent ? s'interroge Alain Etchegoyen, après l'augmentation de la rémunération des ministres (*Le Figaro*, 6 août 2002). Autrement dit, leurs pouvoirs justifient-ils leurs revenus, y compris au regard des comparaisons possibles en Europe ou en France même… ? » « À quel moment y a-t-il disproportion ? » se demande A. Etchegoyen, qui critique un « ridicule principe de transparence d'essence totalitaire » et les jeux troubles de « la comparaison de ce qui n'est pas comparable ».

En 2003, les effets de la publication obligatoire des rémunérations des mandataires sociaux des entreprises cotées dans le cadre de la loi NRE ont été sensibles. Les niveaux spectaculaires de revenus atteints par certains présidents dont la contribution est contestée ont suscité des sentiments d'iniquité. « Le salaire des patrons sous pression », titre un hebdomadaire financier (*La vie financière*, 11 septembre 2003, p. 30-34), qui souligne la vigilance accrue sur les salaires et indemnités des patrons : « Golden parachutes », « stock-options », bonus, retraite garantie… La vivacité du débat a été accrue du fait de l'opacité qui entoure certains éléments. Cinq sociétés seulement du CAC 40 ont rendu public le montant des indemnités de départ auxquelles leurs dirigeants pouvaient prétendre. Les chiffres publiés (2,4 années de salaire chez Rhodia, 24 mois chez Thales, 21 mois chez France Telecom et Thomson) font l'objet de comparaison avec les indemnités de départ des salariés en cas de plan social. La multiplication par deux à trois du revenu de base des présidents du CAC 40 entre 1998 et 2002 a incontestablement modifié les normes d'équité salariale.

Arbitrages et équité

Les arbitrages des politiques de rémunération se sont profondément modifiés depuis vingt ans, avec la montée de la part individuelle, de la part variable, de la part différée et des avantages non monétaires. Ces nouveaux arbitrages modifient les perceptions d'équité. Par exemple, une prime variable, réversible a-t-elle la même valeur dans ma rétribution qu'un élément fixe ? Comment évaluer l'avantage que constitue une voiture de fonction ? une complémentaire maladie ?

L'ÉQUITÉ DANS L'EMPLOI

Tous les domaines de la gestion de l'emploi exigent la recherche permanente de l'équité.

Équité et sécurité de l'emploi

Les recherches de Michèle Amiel et de Michel Fabre ont fait ressortir qu'après un plan social le comportement des « survivants » était déterminé par la perception du caractère équitable ou non des mesures prises pour réduire les effectifs. Amiel-Flechel a identifié les principaux points sur lesquels les survivants évaluaient l'équité du plan social :

- les raisons avancées pour mettre en place un plan social ;
- la justification de la détermination du sureffectif ;
- les critères de sélection et le choix des partants ;
- les modalités d'annonce du plan social ;
- la qualité et le choix des mesures d'accompagnement ;
- l'action effective de l'antenne emploi ;
- la réorganisation du travail après le départ de certains salariés ;
- le dialogue avec l'encadrement et les dirigeants.

Les recherches ont montré qu'un plan social considéré comme équitable n'a pas les mêmes effets sur les attitudes et comportements des survivants qu'un plan inéquitable. La justice procédurale inhérente à la conduite du plan social favorise la mobilisation des salariés restants. Veiller à l'équité lors des programmes de réduction d'effectif est essentiel.

Équité et perspective de carrières

Des recherches ont montré que la réussite des politiques de déploiement interne implique que les mobilités contribuent à l'équité interne. Lorsqu'un salarié est incité à une mobilité horizontale, il a le sentiment que sa contribution s'accroîtra en termes d'efforts à faire sans qu'elle progresse en termes de résultats. Il craint que l'évaluation de sa contribution dans son nouveau poste ne soit inférieure à celle qu'il avait dans son ancien poste et que ceci réduise ses perspectives de rétribution. Il souhaite des avantages immédiats (primes substantielles de mobilité) pour conserver son niveau d'équité.

Les politiques de détection des potentiels, de gestion des hauts potentiels, de promotion et d'évolution de carrières doivent veiller à l'équité. Très souvent, les salariés ont le sentiment d'une inégalité des chances en fonction de divers critères (dont le diplôme et le sexe sont les plus souvent cités), qui crée une perception de non-équité.

L'équité intergénérationnelle

Éléonore Marbot a établi que la démotivation des seniors, avec l'apparition du SPFVP (sentiment précoce de fin de vie professionnelle), résultait de l'absence d'équité en fonction de l'âge dans les pratiques d'entreprise (Marbot, 2001). Les pratiques de formation continue illustrent les discriminations selon l'âge. Le taux d'accès à la formation – proportion de salariés ayant sur un an suivi au moins une formation de trois heures – était de 13 et 11 % pour les ouvriers de 50 à 54 et 55 à 59 ans au lieu de 25 % chez les moins de 35 ans (*Bref Cereq*, n° 193, janvier 2003, p. 2). Des enquêtes ont montré que le taux moyen des augmentations individuelles était divisé par deux après 45 ou 50 ans.

L'équité intergénérationnelle devient une préoccupation forte dans le contexte démographique actuel.

L'ÉQUITÉ GLOBALE : DES GRAPPES ÉQUITABLES

Le concept de grappe de pratiques – traduction du terme américain *bundle* – s'est développé en GRH. Une « grappe équitable » pourrait être définie comme un ensemble cohérent de pratiques RH favorisant l'équité interne dans tous les domaines des RH. Cette complémentarité, grâce à l'effet d'imbrication et de renforcement mutuel, accroît le « capital équité » de l'organisation et contribue ainsi à la mobilisation des salariés (Barraud-Didier, 2003).

Outre les aspects salaire et emploi, les pratiques contribuant ou non à l'équité concernent tous les domaines RH. Parmi les domaines pour lesquels les sentiments de non-équité sont souvent exprimés :

- la formation et le développement des compétences ;
- l'accès aux technologies ;
- le confort et l'aménagement des espaces ;
- l'accès à l'information ;
- la mobilité interne et les possibilités de promotion ;
- les possibilités de choix (entreprise à la carte).

La cohérence entre les pratiques est une condition essentielle de la construction d'un sentiment d'équité. Le développement de possibilités de choix offertes aux salariés semble favoriser le sentiment d'équité. Pouvoir choisir est, en soi, un élément de reconnaissance et donc de rétribution. L'élément choisi a une plus grande valeur pour celui qui l'a choisi que l'élément imposé. « L'entreprise à la carte », où le salarié dispose d'un grand nombre de choix dans les domaines de l'organisation du travail, de la formation, de l'aménagement des temps et de l'espace, de l'évolution de sa carrière et des composantes de sa rémunération, apparaît comme plus équitable.

PARTIE II

Mettre en œuvre l'équité

C onvaincre chaque salarié qu'il bénéficie d'un niveau satisfaisant de justice distributive est une mission apparemment impossible. La grande variété de référents à qui se comparer et d'éléments sur lesquels le faire permet à chacun de découvrir relativement facilement des données alimentant un sentiment de non-équité, principalement de sous-équité.

Les clés de l'équité se trouvent donc dans un haut niveau de justice processuelle. Lorsque chaque salarié a confiance dans la capacité des procédures et des hommes de l'entreprise à produire de l'équité et réduire les éventuelles non-équité ressenties, l'organisation dispose d'un véritable capital équité.

Paraphrasant Godet – « Il y a mille et une clés pour l'excellence (principe de contingence) et il faut sans arrêt en changer (principe de changement) » (2003, p. 149) –, on peut affirmer qu'il y a mille et une clés de l'équité et qu'il faut sans arrêt en changer. Mille et une clés parce que chaque organisation à une histoire, des traditions, des normes, des attentes et des salariés différents. Cette diversité nécessite des approches, des pratiques et outils différents pour atteindre un haut niveau d'équité. Un changement permanent parce que les attentes des salariés, les normes d'équité, les exigences de l'organisation changent et rendent les pratiques rapidement obsolètes.

Dans cette partie, nous examinerons les points clés qui contribuent à créer un capital équité reposant sur la confiance de chacun dans l'équité des pratiques à travers cinq chapitres consacrés aux principes de l'équité processuelle.

Le chapitre 4 présente les principes et modalités de la mise en œuvre de la justice organisationnelle. Le chapitre 5 étudie comment garantir à chaque salarié une évaluation fiable de sa contribution. Le chapitre 6 traite de l'accroissement de la contribution mesurée de chacun. Le chapitre 7 est consacré à la définition et la communication des règles. Le chapitre 8 analyse les moyens de garantir l'équité des décisions.

CHAPITRE 4

La justice organisationnelle

Pour éviter les conséquences du sentiment d'iniquité, l'entreprise recherche un haut niveau d'équité par la mise en œuvre de procédures la favorisant. L'équité processuelle ou procédurale suscite la confiance du salarié. Le salarié qui considère que les procédures en vigueur dans l'entreprise sont justes accepte les différences constatées. Il ne considère pas nécessaire de se « faire justice soi-même ». Le capital confiance et le capital équité d'une entreprise sont interdépendants et se renforcent mutuellement.

LE DRH, GARANT DE L'ÉQUITÉ

L'action des DRH pour accroître le capital équité apparaît centrale. Bruno Sire insiste sur quatre déterminants de la justice procédurale :

- la neutralité des procédures ;
- la confiance en la personne qui prend les décisions ;
- le traitement respectueux des individus ;
- la possibilité de recours (2001, p. 262).

Sur ces quatre points, le rôle du DRH est essentiel. Il intervient pour développer l'équité procédurale. Il agit sur les principaux déterminants de l'équité. Son action fait de lui le garant de l'équité.

Le développement du niveau du sentiment d'équité accroît le capital équité de l'entreprise. Un capital équité élevé minimise les comportements contre-productifs et les risques de démobilisation. Il améliore la performance de l'organisation. Le DRH qui mène des actions pour accroître le capital équité joue pleinement son rôle de partenaire d'affaires, mis en relief, dès 1987, par Dave Ulrich, qui analysait le rôle des professionnels RH comme des « partenaires d'affaires stratégiques » dotant l'entreprise de nouveaux avantages compétitifs. Un haut niveau d'équité est un atout stratégique pour l'entreprise.

Le DRH intervient à deux niveaux : l'équité des décisions et l'équité des processus.

L'équité des décisions

Identifier les conséquences sur les sentiments d'équité (et leur traduction financière) des décisions prises ou sollicitées par les managers permet d'éviter les décisions qui mettent en péril l'équité. Deux exemples illustreront ici le rôle du DRH.

■ Un responsable opérationnel souhaite recruter un candidat qui exige une rémunération significativement supérieure à celle de ses futurs collègues. Le responsable réclame l'autorisation de déroger à la grille des salaires. Il met en avant l'urgence, la nécessité de ce recrutement ainsi que la référence au marché.

Le DRH doit lui faire mesurer trois risques liés aux sentiments de sous-équité interne et externe que ce recrutement peut faire naître chez les collègues :

• le risque de départs d'anciens qui s'estimeraient dévalorisés en interne et prendraient conscience d'être en dessous du marché. Ces départs sont coûteux. Ils rendent aléatoire l'obtention des résultats attendus puisque le service s'appauvrit alors que ses besoins ont crû ;

• les revendications des anciens avec d'éventuels dérapages salariaux pour les retenir. Les mesures prises pour corriger les iniquités créées peuvent être coûteuses et réduire la rentabilité attendue d'un nouveau recrutement ;

- la démobilisation des anciens restants et leur non-coopération avec le nouveau. Les comportements provoqués par la sous-équité perçue par les collègues ont été étudiés précédemment. Ils ont de coûteuses conséquences financières.

La prise en compte de ces risques et coûts associés justifie le rejet de cette solution et la recherche d'autres moyens de répondre aux besoins du service sans mettre en danger sa survie.

■ Un manager sous-évalue significativement la performance et le potentiel des bons éléments qu'il souhaite conserver. Il sur-évalue ceux qu'il est prêt à sacrifier aux exigences de la mobilité interne et des gains de productivité. Ainsi, il conserve les meilleurs et se sépare des moins productifs.

Le DRH mettra en relief les coûts de ce détournement du système d'appréciation et de l'injustice créée :

- les meilleurs collaborateurs s'estimant bridés dans leur évolution chercheront en externe les opportunités refusées en interne. Leur départ est coûteux pour le service et pour l'entreprise. L'objectif de rétention n'est donc pas atteint ;
- ceux qui restent sont démobilisés par les erreurs d'appréciation et la sous-équité qui en résultent pour eux. Ces erreurs volontaires détruisent leur confiance dans l'organisation ;
- les aptitudes managériales du chef trop malin seront considérées comme médiocres par ses collègues (« il ne sait pas faire la différence entre une étoile et une branche morte ») et ses collaborateurs (« il ne sait pas reconnaître les résultats et les potentiels »). Son image interne et l'attractivité de son service pour les bons potentiels s'affaiblissent.

Ces deux exemples illustrent la nécessité d'un appui de la DRH aux opérationnels. Cette assistance garantit une prise en compte de l'exigence d'équité dans leurs décisions. En effet, les managers opérationnels sont souvent peu sensibilisés à l'analyse des dommages collatéraux de leurs décisions.

L'équité des processus

Le DRH veille à ce que les différents processus RH renforcent les sentiments d'équité. Il évalue l'impact des principaux dispositifs sur les différentes formes d'équité identifiées dans le chapitre 2. Il met en œuvre les actions correctives pour garantir l'équité processuelle.

Équité interindividuelle

L'individualisation croissante des pratiques RH entraîne de nombreux risques d'iniquité entre deux personnes occupant un même emploi avec le même salaire de base. Le DRH doit veiller à ce que les processus clés soient perçus comme équitables et, en particulier, pour la prise des décisions suivantes :

- la répartition des augmentations individuelles, des bonus et autres primes individualisées au mérite ;
- l'affectation aux différents postes, espaces de travail et équipements ;
- les aménagements du temps de travail et des jours de congé, les éventuelles dérogations ;
- l'inscription et l'envoi en formation ou à un bilan de carrière ;
- les signes et avantages susceptibles d'être considérés comme des marques de reconnaissance.

Des enquêtes régulières, éventuellement à travers des entretiens semi-directifs, doivent permettre de réduire les risques dus à l'opacité de certains processus. La phrase : « Chez nous, les primes sont à la tête du client » doit être évitée grâce à la transparence.

Équité fonctionnelle

Outre les processus relatifs à l'équité interindividuelle, le management de l'équité entre salariés occupant des emplois de niveaux différents dans une même fonction impose une vigilance sur deux processus :

- la structure des emplois de la fonction et le positionnement relatif de chacun (les points sensibles de l'évaluation des emplois sont examinés au prochain chapitre) ;
- les dispositifs d'évolution et de promotion au sein de la fonction.

Équité collective

Une démarche en quatre étapes évite, ou limite, la perception d'écarts de traitement injustifiés entre collectifs de salariés :

- *Un état des lieux des perceptions* est un préalable. Certaines sont le fruit de l'histoire (« les gens de l'atelier X ont toujours été privilégiés par rapport à notre atelier Y »), de la culture (« chez nous, seuls les productifs sont bien traités ; les fonctions support sont défavorisées »), voire de récits conservés dans la mémoire du groupe (« on a offert aux commerciaux un voyage aux Seychelles » ; « dans la branche Z, ils ont donné 50 000 € à un ingénieur de moins de trente ans » ; « dans le service W, ils sont promus tous les trois ans ») :
- *Un tri entre les perceptions erronées* qu'une information peut faire disparaître et celles qui reposent sur des données réelles ;
- *Un plan d'action pour expliquer* les fondements et le bien-fondé de certaines situations mal perçues, notamment en communiquant davantage sur la contribution de certaines catégories. Communiquer dans les médias de l'entreprise sur la pénibilité de certains emplois ou sur la rentabilité d'autres permet de désamorcer des sentiments d'iniquité ;
- *Un plan d'action pour éliminer* les anomalies sans justifications actuelles. Les salariés sont sensibles à l'existence d'une vision et d'une dynamique de l'équité.

Équité intra-organisationnelle

Dès lors que les processus favorisent les trois formes précédentes d'équité interne, toutes les conditions sont remplies pour obtenir un haut niveau d'équité intra-organisationnelle.

Équité légale

Le DRH veille à ce que les dispositions légales, réglementaires, conventionnelles ou statutaires soient respectées. Il traite les revendications et réclamations de façon à conserver un haut niveau d'équité légale. L'évolution de la jurisprudence doit être suivie de près. En effet, des pratiques anciennes et acceptées peuvent devoir être réexaminées et modifiées du fait de décisions nouvelles des juges. « Salaires : l'employeur en liberté surveillée », titraient *Les Échos* (7 octobre 2003, p. 18), rendant compte de l'évolution de la jurisprudence.

Équité externe

L'utilisation régulière d'enquêtes de salaire permet de suivre le positionnement de l'entreprise sur le marché. Pour éviter que chaque salarié ait une vision déformée de son cas du fait de sa méconnaissance de sa rétribution globale, une communication sur l'ensemble des composantes de la rétribution incluant les éléments non monétaires, différés, indirects et variables, est utile. Démontrer, de façon étayée et crédible, que l'entreprise est « dans » le marché ou au-dessus est souhaitable. Les managers et les RH doivent être capables de communiquer autour de la rémunération globale.

Équité avec soi

Les paramètres d'auto-comparaison dépendent moins de l'entreprise que du salarié. Cependant, le DRH veillera à ce que chaque salarié dispose d'éléments, notamment sur sa rétribution globale et sur les règles de calcul, lui évitant une vision erronée de son équité. La qualité de l'information du salarié sur l'évaluation de sa contribution, la détermination de sa rétribution et sa composition favorise l'équité avec soi. Permettre à chacun de se situer, dans toutes les dimensions de sa contribution et de sa rétribution, est essentiel.

AGIR SUR LES DÉTERMINANTS DE L'ÉQUITÉ

La mise en œuvre de l'équité procédurale repose sur une action sur les règles, les acteurs et la communication.

Les règles

Les règles ont une importance essentielle pour garantir la justice procédurale. C'est l'existence et l'application de règles équitables qui font naître le sentiment d'équité.

Les recherches menées sur les déterminants du sentiment d'équité dégagent quatre règles pour assurer à chaque salarié un traitement équitable :

- Règle 1 : garantir à chaque salarié une *évaluation fiable* de sa contribution. (Le chapitre 5 est consacré à cette règle.)

Le poste, la façon dont il est occupé et les résultats obtenus sont trois composantes essentielles de la contribution du salarié. Il faut veiller à ce que le salarié considère fondée la classification relative de son poste. La confiance du salarié envers la grille des classifications et des salaires et son propre positionnement est indispensable. Elle résulte de la rigueur et de la transparence avec lesquelles la pesée des postes et son actualisation ont été faites. Il est nécessaire de vérifier périodiquement la crédibilité des grilles, de réduire les anomalies éventuelles et de communiquer sur les critères de pesée.

Il faut veiller également à ce que la façon dont le poste est occupé et les résultats obtenus soient évalués grâce à un système d'appréciation fiable. La crédibilité du système d'entretiens périodiques d'appréciation est fondamentale. Le DRH élabore les outils d'évaluation, forme les managers à les maîtriser et assure le suivi de leur mise en œuvre. Le rôle du manager de proximité apparaît déterminant. La confiance dans les procédures et la confiance dans les hommes qui les appliquent garantissent la confiance dans l'évaluation.

- Règle 2 : offrir à chaque salarié toutes les possibilités d'*accroître sa contribution* mesurable. (Le chapitre 6 traite cet aspect.)

Le salarié accepte d'autant mieux l'évaluation de sa contribution qu'il a la conviction d'avoir bénéficié de bonnes conditions pour atteindre le niveau souhaité. Le salarié est attentif aux efforts de l'entreprise pour développer ses compétences, à travers la formation, le coaching, l'accessibilité et la clarté des modes opératoires, les qualités pédagogiques de son manager de proximité. Avoir à sa disposition des équipements adaptés et performants, bénéficier des progrès technologiques sont également des atouts. Être affecté à un poste correspondant à ses compétences et permettant une performance maximale est essentiel. Cette règle concerne DRH et managers.

- Règle 3 : *expliciter* clairement les *règles* liant contribution et rétribution. (Le chapitre 7 approfondit cette exigence.)

  Les règles d'attribution de chacune des composantes de la rétribution doivent être connues. En particulier, les modalités de détermination des éléments personnalisés, fixes ou variables, monétaires ou non, immédiats ou différés de la rémunération, doivent être communiquées. Chaque salarié doit connaître le lien entre accroissement de sa contribution et accroissement de sa rétribution. Cette communication repose sur la DRH et la ligne hiérarchique.

- Règle 4 : *respecter* les règles annoncées et garantir ainsi la rétribution méritée. (Le chapitre 8 analyse les difficultés de mise en œuvre de cette règle.)

  Chaque responsable impliqué dans les processus de décision contribue à l'équité. La DRH veille à ce qu'il dispose des informations pertinentes, connaisse les règles, accepte de les appliquer et ait les moyens pour le faire (budgets d'augmentation, par exemple). Il faut éviter que des engagements pris ne puissent être tenus du fait d'aléas conjoncturels.

Les acteurs

La définition et le respect des règles mobilisent plusieurs acteurs dans l'entreprise et à l'extérieur.

Acteurs externes

On peut distinguer deux catégories :

- Les acteurs qui produisent des règles dont le respect s'impose à l'entreprise.

  Le non-respect des règles légales ou conventionnelles met en péril le sentiment d'équité légale, et, par voie de conséquence, procédurale : « Si notre entreprise ne respecte même pas ses obligations légales, quelle confiance peut-on accorder à ses autres engagements à notre égard ? » Il ne faut donc pas sous-estimer les enjeux de certaines procédures judiciaires et les effets que certaines condamnations peuvent avoir sur le capital équité. Les juges qui interprètent certaines règles ont donc une influence sur les sentiments d'équité. Les syndicats, à travers leurs principales revendications, la conduite des négociations et leurs campagnes de communication ont aussi une forte influence.

- Les acteurs qui ont une influence sur la construction des référentiels.

Parmi eux, les médias ont un impact important. Ils donnent de l'importance et de la crédibilité à certains indicateurs et mettent l'accent sur certaines comparaisons. Les médias reflètent le poids de certains groupes de pression et l'actualité de certains thèmes. La DRH doit anticiper les demandes d'équité en suivant l'évolution des débats sociétaux. Notamment, les différences de traitement qui pourraient traduire des discriminations interdites doivent être contrôlées et leur bien-fondé, justifié et publiquement justifiable.

Acteurs internes

Les processus impliquent la direction générale, la DRH, les managers et chaque salarié. Le rôle des managers et de la DRH sera étudié dans les prochains chapitres.

La direction générale s'implique dans le choix et l'affirmation de l'équité comme valeur centrale de l'entreprise. Elle veille à la définition des règles et à leur mise en œuvre. À son niveau, elle donne l'exemple en appliquant les règles de façon remarquable dans les domaines qui relèvent directement de son autorité. Elle intervient dans les processus de reconnaissance en consacrant du temps et de l'attention aux salariés concernés. Elle a un rôle primordial dans la communication, tant par la parole que par les actes.

La perception que les salariés ont du ratio d'équité et des règles qui relient la contribution et la rétribution des dirigeants modifie leurs référentiels et leur sentiment d'équité. Les débordements et excès des années 1998-2002 ont pesé sur le capital équité de nombreuses entreprises.

Le salarié est également acteur. Il peut intervenir dans le processus de définition des règles et, surtout, dans leur mise en œuvre : définition des objectifs, négociation des moyens, obtention des résultats… Dans les systèmes cafétéria, son rôle s'élargit avec le choix des modalités de rétribution dans le cadre d'enveloppes définies.

La communication

« Dans une organisation où les principes d'équité constituent une des règles de fonctionnement, la communication interne doit être le vecteur du développement de la perception de justice organisationnelle par les salariés » (Sire, 2001, p. 263).

Puisque le sentiment d'équité repose sur des perceptions, la communication joue un rôle essentiel. La communication sur les processus et sur les règles est particulièrement importante. La transparence des règles est la première condition de leur acceptabilité.

Cette communication porte en particulier sur trois points :

- les modes de construction et de détermination des différentes composantes de la rétribution globale et, plus largement, du système d'information et des règles qui déterminent toutes les décisions RH affectant le salarié ;
- les évaluations individuelles du salarié et les décisions qui en découlent ; les modalités de l'évaluation des postes, des résultats, du potentiel, des comportements et les évaluations obtenues par le salarié doivent être connues ;
- la connaissance par le salarié de toutes les composantes de sa rétribution globale, de son positionnement dans l'entreprise, et, plus largement, des avantages dont il bénéficie et de ses perspectives.

Les prochains chapitres illustreront les enjeux d'une communication favorisant l'équité.

IDENTIFIER LES PRINCIPAUX OBSTACLES

Les audits de l'équité font ressortir la difficulté des acteurs à accepter les logiques de comparaison et d'action qui sous-tendent la théorie de l'équité. Les acteurs minimisent le poids des comparaisons et les réactions des salariés.

Minimiser le poids des comparaisons

Lorsqu'un manager s'apprête à prendre une décision individuelle, il prend en compte la relation entre l'entreprise et le salarié indépendamment des répercussions de la décision sur les perceptions des autres salariés. Par exemple, il accordera à son collaborateur qui a les moins bons résultats une prime « pour ne pas le décourager ». Ce faisant, il ne mesure pas le risque de démobilisation de celui qui s'est donné à fond et dont les bons résultats sont relativement sacrifiés.

En cas d'augmentations individualisées, les comparaisons après un « saupoudrage » entraînent un vif sentiment de sous-équité chez ceux qui avaient cru au discours managérial sur la volonté affichée de récompenser la performance. Leur comportement futur reflétera leur perte de confiance. Ceux qui ont été moins augmentés seront surtout sensibles au caractère peu valorisant d'une augmentation au rabais. Le saupoudrage a des effets nettement contre-productifs.

Attribuer un haut potentiel à un jeune cadre et le faire bénéficier de parcours légitimants suscitera un sentiment d'iniquité chez ceux qui considèrent avoir un potentiel identique. Si ce système de détection des hauts potentiels apparaît opaque et n'offrant pas à chacun des chances égales, il crée la non-équité. Toute décision individuelle a un impact sur le sentiment d'équité des autres individus.

Sous-estimer les réactions des salariés

Les comportements provoqués par un sentiment de sous-équité sont réels et dangereux pour l'organisation. Le souci de rétablir la justice est très fort dans une entreprise considérée comme peu équitable. Or, les comportements nés de la non-équité sont souvent sous-estimés.

Ignorer les coûts de la non-équité

La montée de certains coûts cachés et l'augmentation de certains indicateurs inquiétants (démissions, absentéisme, non-qualité, sous-productivité) ne sont pas reliées aux carences du management de l'équité. La méconnaissance des risques des diverses formes de non-équité conduit à des situations paradoxales. Telle mesure dont on attend un certain résultat a un effet contraire du fait des réactions provoquées chez certains salariés non directement concernés. À postériori, la direction comprend que la détérioration des résultats d'un service doit être reliée à des mesures prises dans un autre service. Elle découvre que l'action entreprise pour mobiliser X a démobilisé Y parce qu'elle n'a pas répondu à l'attente d'équité.

Le chapitre 1 a fait ressortir les risques de la non-équité. Cette non-équité se présente sous ses diverses formes relatées au chapitre 2. Sous-estimer la traduction du sentiment de non-équité en comportements coûteux pour l'organisation conduit à des situations dangereuses.

Sous-estimer le bénéfice de l'équité

De même, les retombées positives des actions menées pour accroître l'équité dans l'organisation sont souvent sous-estimées. Le temps consacré à mettre en œuvre la justice procédurale crée de la valeur, contrairement aux opinions souvent exprimées par la hiérarchie.

Intégrer dans la formation des managers les bases théoriques de l'équité a un impact réel sur la qualité de leurs décisions.

Un sentiment d'équité largement partagé dans l'organisation constitue un avantage compétitif fort. Il favorise la mobilisation de toutes les ressources des salariés. Mettre en œuvre les principes de l'équité (présentés dans les chapitres 5 à 8) est un investissement créateur de valeur.

CHAPITRE 5

Garantir à chaque salarié une évaluation fiable de sa contribution

La notion de contribution ne recouvre pas le même contenu pour chaque salarié et pour les dirigeants de l'entreprise. Il est donc nécessaire de préciser le contenu de la contribution qui fera l'objet d'une évaluation pour déterminer la rétribution. Il appartient à l'entreprise de décider ce qu'elle considère comme essentiel dans l'apport du salarié. Elle doit vérifier que les salariés connaissent les aspects de leur contribution qui sont évalués et qu'ils acceptent cette délimitation, qu'elle n'est pas pour eux trop restrictive et qu'ils considèrent qu'elle peut faire l'objet de mesures fiables. Leur adhésion aux dimensions retenues et leur confiance dans les évaluations correspondantes sont deux conditions essentielles pour le management de l'équité.

La recherche de la justice processuelle impose une grande vigilance sur la crédibilité du système de mesure de la contribution. Lors de cette étape, la qualité de la communication – dans son sens premier : rendre commun – est primordiale.

IDENTIFIER LES DIMENSIONS DE LA CONTRIBUTION

Un effort de définition – et de communication – constitue un préalable pour garantir une évaluation fiable. La conception qu'un salarié a de la contribution qu'il apporte à l'entreprise est subjective. Elle peut différer pour chaque salarié. Elle peut être fort différente de l'approche qu'en a l'entreprise.

L'approche du salarié

Les composantes généralement évoquées lorsqu'on interroge un salarié sur la contribution qu'il apporte et qui doit être prise en compte par l'entreprise sont multiples :

- ses caractéristiques personnelles (formation, compétences, ancienneté) ;
- le poste qu'il occupe et les responsabilités qu'il assume ;
- la façon dont il tient son poste et ses résultats ;
- son potentiel à court, moyen et long terme ;
- son comportement et ses efforts ;
- ses qualités relationnelles et sa contribution à l'ambiance de service ;
- son investissement pour développer ses compétences.

L'approche peut varier en fonction des caractéristiques individuelles. Ainsi, les seniors peuvent privilégier la qualité plutôt que la rapidité. Pour eux, les Slobbies (*Slower But Better Working People*) ont une réelle performance. Les jeunes diplômés estiment que le diplôme qu'ils mettent au service de l'entreprise est une contribution qui doit être valorisée. Ceux qui ont de l'ancienneté considèrent que la fidélité dont ils ont fait preuve est un apport réel pour l'entreprise. Les piliers estiment qu'il faut prendre essentiellement en compte le résultat.

L'approche de l'entreprise

L'entreprise a souvent une approche plus restrictive : le poste occupé et la performance dans le poste. Elle rajoute parfois le potentiel et les efforts pour l'accroître. Des travaux ont montré que la définition dans l'entreprise pouvait ne pas être homogène. Des dirigeants privilégient des dimensions différentes. Des cadres opérationnels peuvent avoir leur propre approche, fruit de leur vécu professionnel, des contraintes qui pèsent sur eux et des spécificités de leur activité. Une analyse des documents internes fait souvent apparaître de nombreux autres aspects. Des entretiens réalisés avec des responsables font ressortir des visions contrastées de la contribution. « Pour moi, l'élément fondamental, c'est leur potentiel », « les qualités relationnelles sont la meilleure contribution à la performance de l'entreprise », « les chiffres, le résultat mesurable », « la volonté de se former », « l'effort pour la qualité ». Cette diversité des approches peut se traduire par des décisions non cohérentes et donc inéquitables.

Dégager une vision partagée

Il est essentiel de dégager une vision commune de ce qu'est la contribution attendue et mesurée par l'entreprise. Il faut également veiller à ce qu'elle soit partagée par tous les acteurs et que chaque salarié ait une vision identique à celle de ses collègues. De même, chacun des responsables amenés à évaluer et décider doit avoir cette même approche. Ceci est un préalable à la mise en œuvre d'un management de l'équité.

Un consensus se dégage aujourd'hui pour identifier l'emploi et la performance dans l'emploi comme les deux dimensions essentielles de la contribution. Après avoir examiné les démarches et méthodes d'évaluation de l'emploi et de la performance, d'autres dimensions – compétences, potentiels, mérite –, souvent évoquées, seront étudiées. Ce chapitre est conclu par l'examen de la communication sur l'évaluation de la contribution.

ÉVALUER L'EMPLOI

Chaque salarié doit avoir la conviction que son emploi est convenablement évalué et que son positionnement dans la grille des emplois est équitable.

Cette conviction est difficile à faire partager. Justifier l'écart de traitement entre deux emplois est délicat. Lorsque, le 12 avril 1229,

Raymond VII, comte de Toulouse, accepte de prendre en charge le traitement de 14 professeurs de l'université, l'échelle fixée dans le traité est de 1 à 5 (10 marcs d'argent pour le grammairien, 50 pour le maître en théologie). Nous n'avons pas trace des critères pris en compte pour l'évaluation des postes et l'élaboration de l'échelle des salaires. « Est-ce l'importance relative des enjeux de chacune de ces disciplines à une époque troublée sur le plan religieux ? L'expression de rapports de force entre facultés ? Le résultat de compromis entre clans adverses ? L'effet d'une combinaison de causes complexes ? » (Igalens & Peretti, 2001, p. 331).

En 1959, le préfacier de l'un des ouvrages clés consacrés à l'évaluation des emplois estimait que « la recherche d'une méthode équitable est capitale… elle évitera ces tensions liées aux notions de justice et de dignité humaine. Les procédés plus ou moins empiriques sont généra-teurs d'iniquités et de déboires » (Lapierre, 1959). L'auteur soulignait l'exigence d'équité : « Le travailleur admettra comme parfaitement équitable que des emplois exigeant un niveau de connaissances ou comportant un degré de responsabilité plus élevé que le sien soient rémunérés davantage. Mais, même s'il est lui-même très bien payé, son sens de l'équité sera profondément heurté de voir un autre tra-vailleur recevoir une rémunération que ne justifie ni l'importance de l'emploi, ni la valeur intrinsèque de l'intéressé, ni même les conditions du marché du travail » (p. 15).

À l'époque, les méthodes rationnelles d'évaluation apparaissent une condition de la construction d'un système équitable. « Commensurer » les emplois en appliquant une batterie de critères gradués est considéré comme une clé de l'équité. Les grilles de classification sont cependant souvent perçues comme des dispositifs très techniques, peu adaptés, éloignés des réalités et appliqués de façon subjective et arbitraire en fonction de jeux de pouvoir. L'origine des grilles en vigueur dans l'entreprise est mal connue. Le processus d'élaboration semble peu transparent. Une certaine méfiance est souvent perceptible.

On constate un bon niveau de confiance et d'adhésion lorsque la « pesée des emplois » a été réalisée avec rigueur et transparence. Une démarche claire avec des acteurs connus et fiables crédibilise le résultat d'une opération de qualification. La légitimité de la grille est confortée lorsque l'actualisation est régulière et que les anomalies éventuelles sont corrigées rapidement.

L'opération de qualification

Chacune des quatre étapes d'une opération de qualification a un impact sur la crédibilité de ses résultats. Les audits montrent l'importance de la définition du rôle de chacun des acteurs – le salarié, sa hiérarchie, l'expert externe, l'équipe RH, la direction – dans le processus. Ils font aussi ressortir l'impact de la communication sur les enjeux, les logiques et les outils utilisés à chaque étape.

Étude et description des postes

Une description actualisée des postes est nécessaire. Elle peut être préparée par le titulaire du poste et validée par son responsable. Dans ce cas, l'acceptabilité de la démarche est accrue. La formation des salariés et de leur hiérarchie à l'étude et la description des postes conformes aux besoins de l'évaluation est un élément de réussite. Inversement, lorsque les titulaires n'ont pas été associés à la description des postes, leur pesée suscite la méfiance.

Évaluation des postes

Il s'agit de déterminer l'importance relative du poste dans la structure en fonction du poids de sa contribution dans l'obtention des résultats de l'organisation. L'évaluation porte sur le poste et non sur le titulaire, sur le poste tel qu'il est et non tel qu'il pourrait être, sur les résultats attendus et non sur ceux du titulaire. Mener avec rigueur cette étape est délicate. Le choix de la méthode d'évaluation est essentiel.

Classification des postes

L'établissement, à partir des évaluations précédentes, d'un classement relatif des postes entre eux et son officialisation dans le cadre d'une grille peuvent, éventuellement, être négociées avec les partenaires sociaux, ce qui favorise leur acceptabilité.

Échelle des salaires

La détermination d'un prix, ou d'une fourchette de rémunération, par niveau de poste conduit à la grille des rémunérations ou échelle des salaires.

La méthode d'évaluation

Le choix d'une méthode d'évaluation appropriée et crédible est essentiel. Les méthodes analytiques sont généralement préférées aux méthodes globales pour deux raisons :

- leur technicité et leur complexité sont des arguments de crédibilité et rassurent les salariés sur la fiabilité de la démarche ;
- l'apparence scientifique et objective des méthodes favorise l'acceptation des résultats par les salariés.

Les critères de choix de la méthode ont pour objectif de renforcer la confiance des salariés dans les résultats de la démarche. Ils sont généralement :

- l'acceptabilité : elle résulte de l'utilisation de critères justifiés, observables et mesurables ;
- la précision permettant de différencier suffisamment les niveaux de poste ;
- l'adaptabilité aux changements ;
- la généralisation, capacité de comparer des postes appartenant à des fonctions différentes ;
- le coût de mise en œuvre et d'actualisation, lié à sa simplicité ;
- la communicabilité, de façon à ce que chaque salarié la comprenne et puisse se l'approprier ;
- la cohérence avec les valeurs de l'organisation ;
- l'alignement stratégique.

Lorsque l'entreprise choisit une méthode analytique, une attention particulière doit être portée aux critères d'évaluation et à la conformité de leur pondération avec les traditions de l'entreprise. Par exemple, accroître le poids de la finalité (impact sur le résultat) au détriment de la compétence (formation et expérience) peut susciter un sentiment d'injustice dans une entreprise à culture technique forte.

Quatre étapes de la mise en œuvre d'une approche critérielle suscitent débats et polémiques :

- **La détermination du nombre de facteurs**
  Un facteur doit être classant (différenciateur) et commun à tous les postes. Leur nombre peut varier. Les méthodes nord-américaines des années cinquante utilisaient de 3 à 50 critères. Les experts préconisaient de 9 à 13 critères. Un nombre trop bas « ne permet pas un classement rationnel » mais un nombre élevé complique, pose des problèmes de mesure et consomme beaucoup de temps. Des recherches montrent que 2 ou 3 facteurs bien choisis peuvent rendre compte des différences entre postes aussi bien que 10 ou 15. Des échelles condensées apparaissent et s'imposent progressivement. Aujourd'hui, de 3 à 5 critères sont généralement retenus.

- **Le choix des facteurs**
  Deux écoles s'affrontent. La grille universelle – les facteurs sont supposés présents et pertinents dans tous les postes et toutes les entreprises – permet des comparaisons et favorise l'équité externe. Elle est disponible et largement validée. On estime en revanche que l'élaboration d'une grille spécifique favorise une meilleure équité interne et permet un alignement stratégique sur les gisements de valeur dans l'entreprise. La tendance actuelle est à adapter des listes déjà validées et ce pour quatre raisons : économie de coût, économie de temps, crédibilité renforcée d'outils bénéficiant de références, comparaisons externes.

- **La pondération des facteurs**
  Les choix de pondération ont une forte incidence sur le positionnement relatif des postes. En attribuant à chaque critère un nombre de points plus ou moins élevé, l'entreprise favorise certaines fonctions. Surpondérer le critère finalité (impact sur le résultat) favorise les commerciaux et – plus largement – les opérationnels. Surpondérer les compétences requises privilégie les chercheurs et – plus généralement – les fonctionnels.

La pondération a varié selon les périodes. Dans les années cinquante, le facteur « expérience requise » était, en production, en tête. Dans les années soixante, le facteur « responsabilité » a été favorisé. La méthode Hay privilégie la finalité ; la méthode Hewitt, la compétence. L'une ou l'autre sera mieux adaptée à une stratégie donnée (Sire, 2003).

- L'évaluation des facteurs

Il s'agit de déterminer pour chaque facteur une échelle de mesure avec des degrés définis clairement et une traduction en points des degrés. Les conséquences du barème sur le positionnement sont fortes. La maîtrise des échelles de mesure est difficile pour la plupart des critères. Elle demande un apprentissage accompagné par un expert aguerri.

Chacune de ces étapes soulève de nombreux problèmes de méthodes. Les choix demeurent peu scientifiques, empiriques et arbitraires. Il apparaît cependant que, « lorsque la démarche suivie est rigoureuse, la qualité des résultats obtenus, mesurée par leur acceptation par les salariés concernés, justifie leur utilisation » (Igalens & Peretti, 2001, p. 335). La compréhension des critères, de leur sélection, de leur pondération, de leur mesure garantit l'acceptation du poids attribué à son poste par chaque salarié.

Les barèmes de salaires

À l'issue du processus de pesée, les niveaux de poste sont traduits en niveaux de rémunération. Le choix concernant l'éventail entre le salaire de base du poste évalué comme le plus bas et celui le plus haut a un impact non négligeable sur les sentiments d'équité. La publication des rémunérations des dirigeants dans les entreprises cotées en 2003 en France a renforcé le débat sur l'ampleur de l'écart considéré comme équitable.

La substitution pour les dirigeants d'une norme d'équité externe – « il faut s'aligner sur les pratiques nord-américaines pour attirer et conserver les meilleurs patrons » – aux références internes semble avoir des effets négatifs bien qu'on ne dispose pas pour l'instant de résultats de recherche. Les travaux de Cowherd & Levine (1992) aux États-Unis ont montré qu'un lien existe entre la qualité des produits et la faiblesse des écarts de rémunération entre les cadres dirigeants et les salariés les moins qualifiés. L'accroissement des écarts depuis vingt ans est donc une source de risque d'iniquité. Dans les années quatre-vingt, le revenu moyen des P-DG des plus grandes firmes américaines était 40 fois supérieur à celui d'un salarié moyen, ce ratio est passé à 85 dans les années quatre-vingt-dix et 400 dans les années deux mille (*The Economist*, 2003).

Les principaux choix concernant l'échelle de salaire concernent :

- l'éventail entre le salarié du poste le moins qualifié et celui le plus haut placé ;
- les fourchettes entre les rémunérations minimales des ouvriers et des employés non qualifiés et de ceux hautement qualifiés. Une échelle large ouvre des perspectives de progression pour ceux qui acquièrent les compétences pour évoluer. La progression du salaire minimum a limité en France les écarts, depuis la création du SMIC en 1970.
- les chevauchements entre les catégories : la rémunération de l'ouvrier très qualifié peut-elle dépasser celle de l'agent de maîtrise au premier niveau ?
- L'existence de fourchettes mini-maxi pour un niveau de poste permettant une individualisation de la rémunération.

L'évaluation des postes permet d'assurer l'équité interne. La valorisation monétaire du rangement obtenu doit favoriser l'équité externe.

L'élaboration du barème de salaire prend en compte six points :

- • Les obligations conventionnelles
  Les conventions collectives prévoient des rémunérations minimales hiérarchiques pour les différents coefficients de la grille des classifications. Les rémunérations prévues dans le barème doivent respecter ces minima.

- • Les salaires du marché
  La cohérence entre le barème et le marché externe des salaires est indispensable pour pouvoir recruter et fidéliser. Les enquêtes de

salaire permettent de vérifier cette cohérence et de corriger les anomalies dangereuses.

• Le choix d'un positionnement

L'un des premiers choix d'une politique de rémunération concerne le niveau relatif du barème par rapport aux minima conventionnels et, surtout, par rapport au marché. L'entreprise choisit d'être au-dessus du marché, dans le marché ou au-dessous en fonction de son contexte, de ses contraintes et de ses objectifs. Ainsi, une entreprise pléthorique court peu de risques à geler les salaires et à passer « sous le marché » (à condition de prendre des mesures spécifiques pour les compétences clés, rares et volatiles). Une entreprise qui doit recruter fortement et fidéliser les plus jeunes veillera à être dans le marché. Une entreprise qui veut être très sélective dans son recrutement choisira d'être au-dessus du marché.

• Le choix de fourchettes

Le barème peut être ponctuel. À chaque coefficient correspond une rémunération fixe, selon le vieux principe : « À poste égal, salaire égal ». Il peut être à fourchette. À chaque coefficient correspond un montant minimal et une fourchette mini-maxi constituant la plage de progrès permettant l'individualisation. Les barèmes à fourchettes répondent à un souci d'équité – prendre en compte la performance individuelle – et créent des risques nouveaux d'iniquité. La tendance à l'élargissement des fourchettes – système à bandes larges dit *broadbanding* – se constate dans tous les pays. C'est à l'intérieur des fourchettes que la modulation du salaire fixe est possible (cf. chapitre 7).

• Le choix de chevauchements

Les fourchettes sont susceptibles de se recouvrir et de créer des chevauchements. Ainsi, le salarié payé au haut de la fourchette d'un coefficient gagne plus que celui qui est proche du minimum du poste supérieur. Les chevauchements soulèvent de délicats problèmes de communication et de perception d'équité. Aujourd'hui, les chevauchements sont courants. L'élargissement des fourchettes y contribue.

- La transparence

L'opportunité de la diffusion du barème, globalement ou partiellement – indiquer à chacun la fourchette de son poste pour qu'il puisse se situer – ne fait pas l'unanimité. Pour les partisans de la transparence, il ne peut y avoir perception d'une justice processuelle sans diffusion des informations sur toutes les règles. D'autres soulignent les risques de création de sentiments infondés d'iniquité chez ceux qui se découvrent loin des maxis auxquels ils estimaient pouvoir prétendre. La transparence nécessite une communication forte et personnalisée.

Les limites

L'intérêt de l'évaluation des emplois ne fait pas l'unanimité. On lui reproche la rigidité des grilles – « à peine adoptées, déjà dépassées à cause des changements technologiques et organisationnels » – et l'investissement lourd que représente leur toilettage.

Certains syndicats considèrent que l'entreprise doit rétribuer ses collaborateurs en fonction de leurs compétences personnelles et de leur qualification et non du poste occupé. Ils défendent la logique du grade et non de l'emploi.

Pour réduire les inconvénients des grilles de classification, les entreprises mettent l'accent sur l'utilisation de critères classants permettant une évaluation en temps réel des emplois.

ÉVALUER LA PERFORMANCE

« L'évaluation de la performance individuelle fait tout à la fois le bonheur et le désespoir des experts » (Galambaud, 2002, p. 178). Malgré des décennies d'expérience, l'évaluation, sous sa forme explicite et officielle, donne rarement satisfaction. « Son histoire est un condensé de l'histoire de la gestion du personnel, de ses croyances, de ses incertitudes, de ses errances… » (p. 179).

Le souci de rigueur, d'objectivité et de justice se traduit dans le choix des critères à prendre en compte et des acteurs de l'évaluation.

Les critères de la performance

La performance d'un salarié n'est pas une donnée simple. Il est nécessaire de clarifier ce qui est exactement mesuré dans l'évaluation de la performance. « Lorsque les augmentations et les primes individuelles prennent une part trop importante dans la formation des salaires, les directions sont en général contraintes de rendre transparents les critères de jugement pour contrer la critique des augmentations à la tête du client », observe Morville en 1985, au début de l'individualisation (p. 108). À cette époque, des batteries de critères apparaissent dans les entreprises introduisant l'individualisation pour améliorer l'objectivité des décisions. Lourdes à gérer, éloignées des traditions et usages, elles ont des difficultés à s'implanter. Vingt ans après, entreprises, cadres et salariés se sont familiarisés à ces pratiques. À titre d'exemple, une grille d'évaluation est présentée en figure 1. Cette grille est courte. Elle distingue la performance et l'évolution. Sept critères sont retenus pour la performance. L'utilisation d'une échelle à cinq niveaux est fréquente. L'appréciation d'ensemble est également à cinq niveaux.

La qualité et la pertinence de la grille de critères favorisent l'acceptabilité de l'évaluation. L'entreprise retient généralement des critères qualitatifs et quantitatifs. Elle traduit les critères en indicateurs quantifiés en unités monétaires ou physiques dans une optique contractuelle. Ces critères sont définis dans le cadre d'une organisation au service d'une stratégie, en fonction d'objectifs de pilotage de la performance globale.

Les acteurs

La DRH et la hiérarchie sont les acteurs principaux de l'évaluation de la performance.

La fonction RH

Elle intervient généralement à trois niveaux pour :

- concevoir la grille de critères et les échelles de mesures en partenariat avec la direction générale afin d'en garantir l'alignement stratégique. La formalisation de l'évaluation est généralisée. Aujourd'hui, les supports sont généralement considérés comme satisfaisants ;

- informer et former d'une part les évalués et d'autre part les évaluateurs pour garantir le fonctionnement effectif du dispositif ;
- veiller en permanence au bon déroulement des pratiques et à l'exploitation des résultats.

Dans le contexte actuel, la DRH s'appuie sur la fonction contrôle de gestion et sur des prestataires extérieurs pour ces trois aspects. Les spécialistes de l'évaluation aident à concevoir une grille adaptée aux orientations stratégiques de l'entreprise, les organismes de formation préparent les évaluateurs. Les agences de communication préparent les documents d'information. Les auditeurs garantissent l'efficacité du dispositif.

La hiérarchie

La hiérarchie – et, en première ligne, le manager opérationnel, l'encadrant de premier niveau – se voit attribuer un rôle essentiel. Elle fixe pour chaque critère en début d'année un objectif et mesure ensuite sa réalisation.

Progressivement, l'évaluation s'est formalisée sous la forme de l'entretien annuel, devenu un rite incontournable souvent dramatisé. La capacité de la hiérarchie à mener ces entretiens conformément à la lettre et à l'esprit du processus devient un élément déterminant de sa propre évaluation. Les grilles de critères utilisées pour l'appréciation de manager comportent une évaluation de la qualité de sa participation au processus. Parmi les aptitudes essentielles du manager, son aisance à maîtriser le système d'évaluation – comme évaluateur et comme évalué – devient un indicateur de potentiel.

Lorsque l'entreprise estime que le manager de premier niveau soit n'est pas à même d'évaluer le résultat, soit d'assumer les décisions découlant de l'évaluation, soit, enfin, que son temps et ses compétences sont mieux employés par ailleurs, l'évaluation de la performance peut être confiée à un autre niveau hiérarchique. Le niveau N+2 (le supérieur du supérieur de l'agent) est appelé à intervenir en cas d'appel dans de nombreux dispositifs.

**Appréciation des ouvriers, des employés,
des techniciens ou assimilés (autres qu'agents de maîtrise)**

Année

Nom, Prénom .... Âge : .... ans
Ancienneté dans la société .... ans Classification actuelle ....
Établissement ou service .... Catégorie professionnelle ....
Emploi .... Classification légale de l'emploi ....
Depuis combien de temps l'intéressé est-il
– connu de son chef ? .... ans – sous ses ordres ? .... ans – dans l'emlpoi actuel ? .... ans

Pour chaque question, encercler la lettre correspondant à votre appréciation (consulter les conseils d'utilisation avant de remplir la feuille).

A – B – C – D – E

I – Appréciation de la performance

1 – Connaissance du travail   A – B – C – D – E
  L'intéressé connaît-il son travail de façon satisfaisante ? ....
  Préciser les connaissances complémentaires à acquérir ....

2 – Qualité du travail   A – B – C – D – E
  La qualité du travail est-elle suffisante ? ....
  Sinon, comment l'améliorer ? ....

3 – Quantité de travail utile   A – B – C – D – E
  La quantité du travail est-elle suffisante ? ....
  Sinon, pourquoi ? ....

4 – Respect des consignes (de travail et de sécurité)   A – B – C – D – E
  Préciser les améliorations à apporter ....

5 – Faculté d'assimilation et de jugement   A – B – C – D – E
  (possibilité d'assimilation des instructions relatives
  au travail courant) ....

6 – Faculté d'adaptation (possibilité d'acquérir les nouvelles   A – B – C – D – E
  connaissances correspondant à l'évolution de sa spécialité ou
  d'assimiler des techniques différentes à celles de sa fonction actuelle) ....

7 – Qualités personnelles (conscience professionnelle, mémoire, A – B – C – D – E
  esprit de coopération, maîtrise de soi, imagination, initiative,
  sens de la communication…)
  Quelles sont les qualités marquantes de l'intéressé ? ....
  Quels sont ses points faibles ? ....

Appréciation d'ensemble dans le poste actuel   A – B – C – D – E
(en tenant compte des différents éléments notés
dans les rubriques 1 à 7) ....

Évolution (souligner la mention retenue)   Recul – Sans changement – Quelques progrès –
                                                             Progrès importants

---

II – Orientation

– L'intéressé est-il bien à sa place dans le poste qu'il occupe ? ....
– Serait-il qualifié pour d'autres travaux, lesquels et pourquoi ? ....

Figure 1. Appréciation des ouvriers…

La conformité juridique

L'évaluation des salariés et les systèmes d'évaluation doivent respecter les principes du droit du travail pour être acceptés comme légitimes. Des procès récents ont rappelé le caractère sensible de l'évaluation.

La décision du 10 juillet 2002 de la chambre sociale de la Cour de cassation pose le principe selon lequel le droit d'évaluer le salarié trouve sa source dans le pouvoir de direction et de contrôle de l'employeur né du contrat de travail. Le salarié doit être informé du dispositif d'évaluation mais son accord n'est pas nécessaire. Enfin, l'évaluation ne doit pas conduire à placer certains évalués en situation discriminatoire. Les entreprises doivent réfléchir aux objectifs de l'évaluation, aux critères et aux effets du dispositif.

L'arrêt du 13 novembre 2002 de la cour d'appel de Grenoble concernait le système mis en place chez Hewlett-Packard (HP). Depuis 1980, HP fixe les hausses de rémunération en fonction de la performance du salarié. Chaque superviseur évalue chaque salarié de PRB 1 à PRB 5. Les syndicats ont estimé que l'évaluation la plus basse – PRB 1 – était une sanction et ont saisi la justice. Les juges ont considéré que le système du ranking « permet de fixer les augmentations de rémunération en fonction de la performance des salariés et de leur positionnement selon des critères préétablis, objectifs, connus et contrôlables » et n'est donc pas discriminatoire. Ils ont donné gain de cause à HP. L'existence de « critères préétablis, objectifs, connus, contrôlables » est nécessaire pour justifier l'utilisation de l'évaluation pour asseoir des décisions d'individualisation.

La difficile mise en œuvre

Une enquête récente sur les pratiques d'évaluation des performances propose un bilan contrasté (*L'Usine Nouvelle*, n° 2861, 6 mars 2003, p. 144-146). Sur une échelle de 1 (très insatisfaisant) à 4 (très satisfaisant), les points forts sont la qualité du support pour consigner les objectifs (3,05), le calendrier d'entretien (3,02) et la qualité du support pour consigner les évaluations (3,02). Incontestablement, la contribution technique de la fonction RH est appréciée sur la forme. L'équité des évaluations de performance (2,77) et l'objectivité des évaluations (2,77) sont moins satisfaisantes.

La littérature sur les difficultés de mise en œuvre des systèmes d'appréciation est très abondante. Les chercheurs ont fait ressortir l'écart entre les objectifs et la réalité, les effets pervers, les coûts de l'échec ainsi que la nature et les causes des difficultés.

Defelix distingue les explications instrumentales, interpersonnelles et contextuelles (2001, p. 17) :

- Les explications instrumentales attribuent les difficultés à l'outil (degré de formalisation, support et grilles, lourdeur), aux choix effectués (périodicité, évaluateurs, suivi), à sa mise en œuvre (formation des acteurs, communication) et à la place de l'outil dans le système RH.
- Les relations interpersonnelles entre évaluateur et évalué sont source de contradictions – juger, classer et maintenir de bonnes relations dans l'équipe – et de jeux de rôles, de contraintes et de pouvoir.
- Les explications contextuelles les plus fréquentes sont le processus d'implantation, l'inadéquation à la culture d'entreprise, la mémoire des expériences passées, l'hostilité syndicale... Déterminer ce qui est acceptable à un moment donné, ce qui ne l'est plus ou pas encore est essentiel.

Les difficultés peuvent provenir de l'inquiétude des représentants du personnel sur les retombées d'une évaluation négative. Le système IBM a été en 2002 en France l'objet d'une campagne de presse et d'un débat public. *Le Monde* s'est inquiété du sort des 2,9 % de salariés classés PBC4 (Personal Business Commitment), c'est-à-dire « faiblement contributif ». Pour le DRH : « Notre système a fait ses preuves. Ses règles sont largement diffusées. De plus, le salarié peut contester la décision avec une "porte ouverte". 100 enquêtes confiées à des lignes hiérarchiques différentes ont eu lieu en 2002 » (*Entreprise & Carrières*, n° 662, 25 mai 2003, p. 31). Un comité de transparence où sont représentés les six syndicats représentatifs se réunit désormais chaque année. Les managers ont reçu un rappel des règles. Cet exemple souligne le caractère très sensible des systèmes d'évaluation dès lors que les résultats servent à étayer des décisions.

ÉVALUER LE POTENTIEL ? LES COMPORTEMENTS ? LES EFFORTS ?

Dans la mesure où les entreprises, comme les salariés, intègrent dans leur définition de la contribution d'autres composantes, il est nécessaire d'examiner les questions que suscite leur évaluation. Le potentiel, les comportements et parfois même les efforts sont concernés.

Évaluer le potentiel

Détecter les potentiels pour fidéliser les meilleurs, gérer les carrières, préparer les plans de succession et assurer la pérennité de l'entreprise implique la définition de critères et d'outils d'évaluation. Ces pratiques concernent les hauts potentiels – futurs dirigeants – et tous ceux qui sont susceptibles d'évoluer en bénéficiant de mobilités hiérarchiques (promotions).

Les outils

Les grilles de critères sont diverses. Cependant, certaines valeurs se retrouvent fréquemment : capacité d'écoute, esprit d'initiative, leadership, tonus, ambition, résistance, vision stratégique, aptitudes relationnelles. Il existe des compétences génériques communes à de nombreuses entreprises permettant de caractériser un cadre à potentiel. Il existe également des compétences spécifiques à une entreprise donnée. Leur identification est délicate.

Ce sont les responsables hiérarchiques qui ont le premier rôle dans le processus de détection. Dans un second temps, les comités carrières – *people reviews* – interviennent pour confirmer les choix et prendre des décisions de formation et de mobilité. Les outils utilisés à ce stade sont les bilans comportementaux – *assessment centers* – et les 360°.

La communication

Les entreprises sont partagées sur la communication à donner aux salariés sur l'évaluation de leur potentiel. Donner des signes de reconnaissance est une pratique courante. En revanche, jouer la transparence totale et informer de façon officielle de l'appartenance au groupe est beaucoup moins fréquent (Lelarge, 2003). Quel est l'impact de la transparence totale sur les inclus et les exclus ? Les entreprises qui évitent la transparence mettent en avant la démobilisation des exclus et les risques d'exigences et d'attentes excessives des inclus. Le souci d'équité justifie une grande prudence dans l'officialisation de l'appartenance.

Le système *up or out* (« plus haut ou dehors »), populaire dans certaines activités, est censé limiter les risques de démobilisation des plafonnés. Celui qui atteint un plafond de carrière cesse d'être récompensé par des augmentations et des promotions et part. Son départ est souvent volontaire. Il traduit un sentiment de sous-équité interne et externe. Cette pratique repose sur l'idée, non vérifiée, que la concurrence entre salariés stimule la performance. Le système répond parfois au souhait de conserver une pyramide des âges en « poire écrasée » par un renouvellement constant. Un jeune diplômé remplace celui qui a trois à cinq ans d'ancienneté dans les grands cabinets d'audit et de conseil.

Potentiel et rétribution

La prise en compte du potentiel pour les décisions relatives aux rétributions divise les DRH. Certains considèrent que l'évolution de la rémunération fixe peut suivre l'évolution du potentiel, gage de performance future. Ils s'appuient sur l'équité externe (le marché valorise les bons potentiels). Ils considèrent que les résultats sont réversibles, aléatoires et doivent être récompensés par des éléments variables et non par une augmentation du salaire fixe. Pour de nombreux DRH, le potentiel détecté et évalué doit être pris en compte exclusivement pour les décisions relatives à la carrière. Le paragraphe sur les règles d'individualisation approfondit ce débat.

Évaluer les comportements

Certaines entreprises intègrent évaluation des performances et des comportements, considérant que les « bons comportements » – ceux que l'entreprise a identifiés comme source de performance – sont à la fois un facteur et un indicateur de performance. De nombreuses grilles d'évaluation de la performance intègrent, parmi les critères qualitatifs, des mesures de comportements.

Les objectifs

L'évaluation spécifique des comportements peut répondre à deux objectifs : mesurer pour récompenser ou pour progresser.

Mesurer pour récompenser : des modalités de rétribution peuvent être prévues pour stimuler certains comportements indépendamment de la performance individuelle.

Mesurer pour aider à progresser : l'objectif est d'ouvrir des perspectives de progrès se traduisant par une meilleure performance dans le poste ou par une mobilité interne.

Les pratiques

Les pratiques d'évaluation des comportements occupent une part significative dans les boîtes à outils RH. Elles contribuent à l'équité si leurs objectifs et leurs critères sont connus et acceptés.

- Les grilles d'évaluation

  L'analyse des grilles d'EAA (entretien annuel d'appréciation) montre l'importance des items comportementaux. Ainsi, la grille présentée en figure 1 pour l'évaluation de la performance contient des critères de comportement.

- Le 360°

  La multiplication actuelle des multi-évaluations – dites 360° – répond à de forts besoins de développement des compétences managériales et d'évolution professionnelle (Levy-Leboyer, 2000). L'utilisation du 360° pour déterminer un élément de rétribution est généralement exclu. Bénéficier d'un 360° peut être perçu comme une rétribution par le salarié conscient que l'entreprise investit sur lui pour lui permettre de progresser.

Comportement et rétribution

L'objectif n'est pas d'évaluer les comportements pour déterminer la rétribution équitable. L'évaluation des comportements, lors de l'EAA ou avec le 360°, doit permettre à celui qui en bénéficie de progresser. Elle s'inscrit donc dans les outils permettant au salarié d'accroître sa contribution mesurable (cf. chapitre 7).

Cependant, les enquêtes auprès des salariés montrent qu'un certain nombre d'entre eux considèrent comme juste de récompenser les comportements indépendamment des résultats. Cette opinion est souvent partagée par la hiérarchie, soucieuse de stimuler les bons comportements (le comment) et pas seulement le résultat (le combien). La pression pour récompenser les comportements est particulièrement forte lorsque la conjoncture est responsable de la baisse des résultats et que la baisse de la rétribution serait perçue comme injuste.

Évaluer les efforts

Les politiques d'individualisation des rémunérations excluent généralement l'effort comme un élément susceptible d'être rémunéré. Cependant, l'effort peut être reconnu de manière autre que pécuniaire, par exemple « par le biais de félicitations et d'encouragement par le manager, éléments importants auxquels les collaborateurs sont sensibles et qui pourtant demeurent rares » (Lelarge, 2003, p. 158).

Il est nécessaire de constater les efforts, dès lors que l'entreprise souhaite les encourager, à travers divers signes de reconnaissance. Les efforts évalués correspondent à la poursuite d'objectifs stratégiques de l'organisation. Ainsi, l'effort pour acquérir une compétence identifiée comme utile pour demain peut être reconnu dès aujourd'hui. Lorsque les efforts individuels sont garants de la performance collective, l'entreprise ne peut les ignorer.

L'entreprise doit être vigilante à ce que l'effort évalué soit porteur de progrès de performances futures et que son évaluation ne se substitue pas à celle des performances actuelles. Les enquêtes réalisées dans certains pays (Europe de l'Est, par exemple) font ressortir que les efforts sont perçus comme justifiant une rétribution.

Les effets de halo

Tendance à étendre à plusieurs critères évalués une impression favorable ou défavorable née de l'utilisation d'un seul critère, l'effet de halo perturbe les dispositifs d'évaluation. Une grande attention doit être portée à ce risque. Les modalités d'évaluation retenues doivent permettre de le réduire.

Bruno Jarosson s'est interrogé sur la prise en compte des deux logiques de performance et de conformité qui parcourent l'entreprise dans l'évaluation d'un salarié (2003). En privilégiant le conforme non performant plutôt que le performant non conforme, l'entreprise limite sa créativité et son innovation. L'effet de halo favorise la conformité.

COMMUNIQUER SUR L'ÉVALUATION

La confiance des salariés et des responsables dans l'évaluation des contributions repose sur une communication sur l'ensemble des processus mis en œuvre, sur la capacité des évaluateurs et sur l'utilisation des résultats.

Communiquer sur les processus

Les processus d'évaluation sont évolutifs avec une complexité et une sophistication croissante. Les enquêtes internes montrent souvent une médiocre connaissance des pratiques en vigueur. C'est en particulier le cas de l'élaboration des grilles de classification et du *pricing* – détermination de la rémunération totale – du poste. Parfois, au lendemain d'une lourde opération de pesée des postes, on constate que les salariés concernés ont une vision déformée du processus. Ceci renforce leur sentiment que la grille et leur positionnement sont inéquitables.

Le système d'entretien d'appréciation fait l'objet d'une communication forte lors de son implantation. Elle doit être renouvelée en continu pour que chaque acteur conserve présent à l'esprit ses enjeux et ses modalités. On constate parfois un dépérissement du système du fait d'une communication insuffisante dans la durée.

L'évaluation du potentiel, et notamment l'attribution d'un haut potentiel, est l'un des points les moins bien connus par les salariés, selon diverses enquêtes. Cette méconnaissance nourrit un soupçon d'iniquité.

Crédibiliser les évaluateurs

La qualité des efforts de la DRH – et des experts qui la conseillent – pour élaborer et implanter des systèmes d'évaluation pertinents est généralement reconnue par les salariés. Ils sont cependant souvent sceptiques sur la capacité de leur hiérarchie à jouer son rôle : « Mon chef ne connaît pas suffisamment les réalités et les difficultés de mon travail pour participer convenablement à la pesée de mon poste », « mon chef n'a pas la compétence pour évaluer convenablement plusieurs des critères de notre grille d'appréciation ». Les salariés s'interrogent sur l'homogénéité des évaluations selon les responsables. Certains chefs sont perçus comme plus exigeants : « Mon chef évalue de façon moins généreuse que ses collègues », « les écarts d'appréciation selon les chefs sont inquiétants ».

Pour que l'évaluation soit fiable, l'entreprise doit donner aux salariés confiance en les évaluateurs et dans le suivi et le contrôle du processus. Communiquer sur la formation des responsables, sur les outils de suivi et contrôle, sur les audits réalisés et la veille permanente sur le fonctionnement effectif des processus est essentiel pour asseoir la crédibilité des évaluateurs.

La formation des évaluateurs devrait permettre d'éviter les comportements qui décrédibilisent le processus (préparation insuffisante de l'entretien, interruptions du déroulement, critiques de l'outil…). Les enquêtes auprès des salariés comportent des questions sur l'entretien qui font ressortir l'importance que l'entreprise attache à leur bon déroulement.

Pour limiter le risque qu'une évaluation soit perçue comme arbitraire, une possibilité d'appel peut être ouverte.

L'existence de procédures de recours sur l'évaluation est un déterminant reconnu de l'équité procédurale. La plupart des dispositifs formalisés les prévoient. Le recours peut conduire à l'intervention d'une personne extérieure au service pour renforcer son image de neutralité.

Communiquer les résultats et les effets

Des processus qui fonctionnent de façon opaque, sans communication des résultats et des effets, sont perçus comme source d'iniquité. Ils alimentent inquiétudes, insécurité, rumeurs… Ils perdent en crédibilité et sont jugés peu fiables.

La communication est essentielle. Elle doit porter sur les résultats de l'évaluation et ses effets. Des résultats globaux doivent être diffusés largement. Ce sont surtout les résultats individuels qui doivent être communiqués au salarié concerné avec toutes les explications lui permettant de comprendre et de progresser. Les résultats individuels peuvent être accompagnés de référentiels permettant leur analyse. Éventuellement, ils doivent pouvoir faire l'objet de possibilités d'appel ou de réexamen.

CHAPITRE 6

Favoriser l'accroissement de la contribution mesurée de chacun

Il ne suffit pas d'offrir au salarié un système d'évaluation de sa contribution auquel il fait confiance pour faire naître un sentiment d'équité. Il faut également que le salarié ait le sentiment que l'entreprise le met en condition d'obtenir un haut niveau de contribution selon les normes définies. L'ensemble des politiques de valorisation des salariés contribue donc au sentiment d'équité. Une authentique gestion des personnes reposant sur l'idée que les hommes ne sont pas des ressources mais ont des ressources qu'il faut développer et mettre en valeur renforce le capital équité.

LES POLITIQUES DE VALORISATION

Les politiques de valorisation englobent « l'ensemble des actions, voulues ou acceptées par l'entreprise, qui se traduisent par un enrichissement de chaque salarié au plan du savoir, des savoir-faire, du confort matériel au travail, du statut ou encore de la reconnaissance sociale » (Plane, 2000, p. 39). L'impact sur le sentiment d'équité des décisions dans six domaines – affectation, développement des compétences, enrichissement de l'emploi, bien-être au travail, moyens, statut – est particulièrement fort.

La qualité de l'affectation

Être affecté à un poste qui correspond à ses capacités et à ses attentes permet au salarié de donner la contribution maximale. Inversement, une affectation non pertinente a des effets contre-contributifs.

Les situations non satisfaisantes

Deux facteurs d'insatisfaction peuvent être identifiés : la sous-qualification et la sur-qualification.

- *La sous-qualification.* « Je n'ai pas toutes les compétences pour avoir de bons résultats. Mes insuffisances sont donc normales. Il ne serait pas juste qu'elles soient prises en compte. » L'insatisfaction est d'autant plus forte que le salarié a des reproches à faire à l'entreprise tels que : « Par mesure d'économie, l'entreprise recrute des gens insuffisamment qualifiés » ou « l'entreprise ne nous forme pas suffisamment pour pouvoir faire correctement le travail ». Parfois, c'est la politique de mobilité interne qui est mise en cause. Parmi les critiques fréquentes : « On nous fait bouger et on se retrouve à des postes pour lesquels on manque d'expérience et de compétences », « les déploiements sont au doigt mouillé », « avec le jeu de chaises musicales de la mobilité, chacun est mal assis », « la mobilité interne entraîne un gâchis de compétences ».

- *La sur-qualification* : « Mon poste ne me permet pas d'utiliser toutes mes compétences et d'avoir une contribution à la hauteur de mes possibilités. » Parce qu'il s'estime surqualifié par rapport au poste auquel il est affecté, le salarié se considère doublement pénalisé. Il est rétribué pour un emploi en deçà de ses espérances et il ne peut mettre en œuvre ses compétences. Il s'estime d'autant plus désavantagé qu'il a le sentiment de perdre les compétences non utilisées : « J'étais bilingue lorsque j'ai été recrutée mais, avec le manque de pratique, je ne le suis plus… » Le salarié qui a dû accepter un poste sous-qualifié est insatisfait et réduit sa contribution. Dès que le marché de l'emploi le permet, il recherche un poste lui convenant mieux à l'extérieur. Les entreprises qui ont profité d'un marché du travail dégradé pour stocker des qualifications qu'elles sous-utilisaient n'ont pas pu les conserver jusqu'au moment où elles en avaient réellement besoin.

L'origine des échecs

Les situations qui suscitent l'insatisfaction ont quatre origines : le recrutement, la mobilité interne, l'externalisation d'activité et les réorganisations.

- *Le recrutement.* C'est le cas lorsque, par exemple, on recrute un bac+5 pour un poste d'exécution sans réelles perspectives d'évolution. Très rapidement, le jeune diplômé frustré se sent injustement traité, notamment en comparant son niveau de diplôme à celui de ses supérieurs hiérarchiques. Dans un marché du travail où le chômage de certains jeunes diplômés est élevé, le risque est réel.

C'est aussi le cas lorsque le poste présenté au candidat a été survalorisé et que la réalité des responsabilités est nettement moins motivante. «Vendre » au candidat un poste « gonflé » peut permettre de le séduire et de conclure. À terme, les conséquences sont dommageables pour les deux parties. La contribution du nouveau dont le poste ne présente pas l'intérêt attendu décevra son nouvel employeur.

- *La mobilité interne.* La recherche permanente de l'adéquation optimale, quantitative et qualitative, des besoins et des ressources impose aux organisations une mobilité interne forte. Les progrès réalisés pour permettre la fluidité nécessaire des compétences sont importants. L'utilisation des NTIC (nouvelles technologies de l'information et de la communication) et la mise en œuvre d'une approche compétences ont permis la création d'intranets emplois performants. Les audits des dispositifs les plus avancés en font ressortir cependant les limites. De nombreux salariés expriment leurs insatisfactions face à des mobilités davantage subies que choisies.
- *L'externalisation d'activité.* Dans certains cas, les salariés restants dans l'entreprise après une décision d'externalisation de certaines activités ne peuvent plus pratiquer leur métier précédent et ne

retrouvent pas, dans leurs nouvelles attributions, l'emploi de leurs compétences centrales. Leur reconversion peut susciter des insatisfactions.

- *Les réorganisations.* Comme les reconfigurations après externalisation, les réorganisations modifient le contenu des emplois et entraînent des risques d'inadéquation entre le poste reconfiguré et les compétences et aspirations du salarié. C'est particulièrement vrai après des mesures de réduction d'effectifs, lorsque la redistribution des activités des partants, dans un contexte de deuil, ne favorise pas l'adhésion des « survivants » (Amiel, 1998).

Au-delà de l'appariement avec un poste existant, il est possible de faire évoluer l'organisation pour optimiser l'utilisation des compétences. La création de postes sur-mesure permettant d'associer les compétences de la personne et ses centres d'intérêt est une préférence exprimée par les cadres les plus performants. Les seniors plébiscitent cette mesure (Watson Wyatts, 2003).

La mise en place d'une gestion des personnes avec une approche compétences favorise le succès des affectations. La réussite repose aussi sur une politique active de développement des compétences dans le cadre d'une G4PEC (gestion prévisionnelle, préventive, personnalisée, partagée des emplois et des compétences).

Le développement des compétences

Le développement, à travers les diverses modalités de formation, des compétences contribue au sentiment d'équité à trois niveaux :

Accroissement de la contribution dans le poste actuel

L'acquisition de compétences qui améliorent la performance immédiate répond aux attentes du salarié. La capacité du plan de formation de l'entreprise à répondre à ces besoins rapidement, efficacement et sans perte de temps ni de production est essentielle. Elle repose sur l'approche « manager-premier formateur ». Le manager aide le salarié à identifier les compétences rapidement et utilement mobilisables et à les acquérir. Les qualités pédagogiques de l'encadrant contribuent à l'équité doublement : elles permettent d'améliorer la contribution mesurée, elles sont un élément de la rétribution perçue.

Les dispositifs d'e-learning, avec des granulothèques riches de brefs modules de formation en ligne centrés sur un grand nombre de compétences directement opérationnelles et une hiérarchie qui prescrit au moment opportun et évalue le résultat, sont de remarquables outils de développement des compétences au service de l'accroissement rapide des contributions individuelles. En 2003, 10 % des entreprises utilisent l'e-learning parce que c'est un facteur de performance (Kalika, 2003).

Amélioration des perspectives d'évolution

La formation élargit les perspectives d'évolution en permettant d'acquérir les compétences requises pour des mobilités horizontales ou verticales. Dans l'approche par l'équité, les perspectives d'évolution sont considérées comme des rétributions différées. Les formations qualifiantes améliorent donc le niveau d'équité. De même, les apprentissages de nouvelles technologies ou de nouvelles pratiques dans l'exercice de son travail accroissent les sentiments d'équité. Avoir un manager qui favorise la progression professionnelle de ses collaborateurs est également un atout pour l'équité.

Renforcement de l'employabilité

La formation peut répondre par anticipation aux évolutions des métiers. Elle renforce alors l'employabilité en ouvrant des perspectives nouvelles. L'attente d'employabilité s'accroît dans un contexte d'évolution rapide des compétences recherchées et de redistribution des emplois. Les politiques de gestion prévisionnelle des emplois et compétences, de formation et de mobilité interne favorisent le maintien de l'employabilité individuelle. Elles renforcent le sentiment que l'entreprise est équitable.

Les investissements de l'entreprise et des salariés pour développer les compétences ne sont efficaces que si le diagnostic des besoins a été convenablement réalisé. Pour apprécier les efforts de l'entreprise à son égard, le salarié prend en compte comment ils ont été déterminés autant que combien a été dépensé. La crédibilité des outils utilisés (bilans de compétence, assessment centers, e-évaluation) et des acteurs (conseillers en orientation, gestionnaires de carrière, conseillers formation, managers de proximité…) est une clé de l'équité.

La pertinence et la crédibilité de l'ensemble des dispositifs d'analyse des besoins individuels de formation mis en œuvre ont un impact sur les sentiments d'équité. Ainsi, l'utilisation d'une multi-évaluation de type 360° pour élaborer leur plan de développement des aptitudes managériales est considérée par les cadres bénéficiaires comme un avantage important permettant de progresser et ouvrant des perspectives de carrière.

L'enrichissement de l'emploi

« Les salariés veulent investir leur énergie dans un travail qui ait de la valeur à leurs propres yeux. » Ce constat de Sylvie Roussillon souligne la volonté croissante de réalisation de soi dans son travail (*Liaisons Sociales Magazine*, n° 42, mai 2003, p. 11). Le rapport Vivier sur la place du travail constate : « Il faut donner aux acteurs la possibilité de participer à l'organisation du travail. Les défis de l'autonomie et de l'initiative appellent à changer le travail avec le concours des hommes et des femmes concernés » (2003).

Enrichir les tâches, accroître l'autonomie et donner plus de pouvoir sont des leviers pour favoriser l'apport personnel du salarié dans son travail.

L'enrichissement des tâches et l'autonomie

Analysant les déterminants de la démobilisation, Guerin souligne le manque de défis au travail (les tâches sont tellement peu exigeantes qu'elles ne sont pas stimulantes et n'incitent pas à développer les aptitudes et compétences), la sous-utilisation des compétences, l'absence d'autonomie dans l'organisation de son travail, l'absence de conditions de travail favorables (2002).

L'affectation à de nouvelles fonctions intégrant enrichissement des tâches et développement de l'autonomie permet d'accroître la contribution individuelle. Les recherches de J. Soulié-Mathieu ont fait ressortir l'importance de la perception des rôles autonomes et de la reconnaissance du travail dans l'accroissement de la contribution déclarée. La réalisation de nouvelles tâches est déterminante (Soulié-Mathieu, 2003).

Les recherches sur l'effet des pratiques de GRH sur la performance ont montré combien les pratiques de décentralisation et de responsabilisation avaient un impact élevé (Barraud-Didier, 2003). Les perspectives ouvertes par les TIC (technologies de l'information et de la communication) ouvrent des perspectives positives. La Dares constate que les TIC alignent progressivement le niveau d'autonomie des ouvriers qualifiés ou non qualifiés sur celui des professions intermédiaires et tendent à rapprocher tous les salariés du « modèle cadre » (Dares, *Premières informations et premières synthèses*, mai 2003).

L'empowerment

L'empowerment – parfois traduit par empouvoirment, empuissancement, responsabilisation – est une redéfinition du pouvoir et de l'autorité donnant des responsabilités et les moyens de les assurer à tous ceux qui contribuent à la création de valeur.

Le supplément d'autonomie généré par la demande de réactivité accrue est permis par les nouvelles technologies. Il a un coût pour le salarié. Il accroît les risques d'échecs et de sanctions (Richevaux, 2002). L'entreprise doit veiller à ce que le coût et le risque pour le salarié soient pris en compte dans la rétribution.

L'enrichissement de l'emploi a un impact complexe sur le sentiment d'équité. Il peut être perçu comme une rétribution en soi (le travail plus intéressant), une opportunité pour accroître sa contribution mesurée et, à terme, sa rétribution, ou un accroissement immédiat de la valeur de son poste devant se traduire par une augmentation.

Le bien-être au travail

Le besoin de bien-être au travail est exprimé de façon croissante, et les efforts de l'entreprise pour le satisfaire peuvent être considérés à la fois comme une composante de la rétribution et un moyen d'améliorer les résultats. Renault, dans son rapport annuel d'activité 2002, consacre un encart au bien-être au travail car : « Améliorer la qualité de vie des salariés en veillant sur leur santé et leurs conditions de travail constitue un objectif prioritaire qui s'inscrit dans la performance globale de l'entreprise. »

L'amélioration des conditions de travail et de sécurité

Offrir aux salariés de bonnes conditions de travail et de sécurité, au-delà des obligations légales et conventionnelles, améliore la perception d'équité du salarié. Hervé Serieyx a raconté la surprise des ingénieurs nippons découvrant, il y a quinze ans, les ateliers sales, malodorants, zolesques, de Dunlop ; ils ont alors imposé la propreté absolue et la suppression des odeurs organoleptiques (1989, p. 20). Les résultats en termes de croissance de la productivité avaient été spectaculaires. Développer une culture ergonomique apparaît rentable. L'amélioration des postes avec l'objectif de supprimer à terme les plus pénibles d'entre eux devient nécessaire dans l'industrie confrontée au vieillissement de ses ouvriers. L'apprentissage des bonnes postures est encouragé. Renault a créé des « écoles de la dextérité ». Travailler pour une entreprise soucieuse d'apporter un haut niveau de sécurité et de confort à ses collaborateurs incite à la productivité.

L'aménagement de l'espace de travail

La conception d'un espace au service de l'activité supprime les dysfonctionnements et stimule la productivité. Faire participer les salariés à la conception de leur poste de travail et à l'aménagement de l'espace est un facteur de performance. La création de bureaux de proximité permettant aux salariés de minimiser le temps de transport et la possibilité de télétravail à domicile sont des initiatives appréciées.

Les services à la personne

Ces dernières années, proposer aux salariés des services à la personne, moyennant ou non une participation financière, est devenu fréquent. Un salarié ne peut être vraiment contributif que si sa vie personnelle ne le détourne pas de ses obligations professionnelles. Ces services peuvent dégager l'esprit des collaborateurs de préoccupations domestiques (avec l'apparition de concierges d'entreprise dignes des grands palaces, par exemple, pressing, réparation de voiture, couture) ou familiales (crèches, aides à la garde d'enfant malade dites « SOS nounou »…). Ils peuvent améliorer le bien-être au poste de travail (massage). Mis en avant notamment pour séduire les compétences clés que l'on chouchoute, les attirer et les retenir, ils ont aussi l'ambition d'accroître leur performance. Les services peuvent concerner les femmes dans une perspective d'égalité professionnelle. « Les crèches d'entreprises séduisent à nouveau », constate *Entreprise & Carrières* (n° 674, 17 juin 2003). Il en existe 224 répertoriées en France. L'épanouissement individuel au travail et dans la vie sont indissociables.

La politique de santé

L'entreprise propose généralement une complémentaire santé, obligatoire pour permettre à chacun un accès convenable aux soins. Elle se dote parfois d'ergonomes et de kinésithérapeutes avec l'ambition de définir les meilleurs gestes et de lutter contre les envahissants TMS (troubles musculo-squelettiques). Elle réalise bilans biologiques et dépistages. Elle participe à la lutte contre le tabagisme et l'alcoolisme. Elle peut financer salles de sport, sauna, hammam, inscription à des clubs sportifs. Ainsi, Manor, distributeur suisse, a lancé un programme Santé plus avec un volet promotion de la santé au travail : accès gratuit à des massages assis, accès téléphonique à un centre de renseignements et de conseils médicaux… (*LSA*, n° 1806, 20 mars 2003, p. 76). Le « coaching santé » apparaît pour les dirigeants et s'élargit aux autres catégories. L'explosion des arrêts maladie en 2001 (+ 8 %) et 2002 (+ 9,2 %) renforce l'intérêt d'une politique santé dans l'entreprise. L'accord du 3 septembre 2003 sur la santé au travail dans les industries chimiques illustre la priorité donnée à la protection et la prévention de la santé au travail (*Liaisons sociales*, n° 13989, 14 octobre 2003).

Les mesures anti-stress

Un arrêt du travail sur dix serait, selon la Cnam, lié au stress en France. Aux États-Unis, un million de salariés est absent chaque jour du fait de conditions de travail stressantes. Faire tomber le niveau de stress des salariés apparaît nécessaire pour réduire l'absentéisme et favoriser un développement durable des contributions (Baudelot, 2002). Lorsque les changements d'organisation se révèlent déstabilisateurs pour les équipes avec la progression de l'inquiétude, du stress et de l'absentéisme, certaines entreprises offrent un soutien psychologique à leurs salariés. Un numéro de téléphone permet au salarié d'entrer en contact avec un psychologue. Renault s'est doté d'un observatoire médical du stress qui a effectué 24 000 tests (rapport 2002).

Des moyens adaptés

Mettre à la disposition du salarié les moyens adaptés pour accroître sa contribution est aussi un déterminant positif du sentiment d'équité. La qualité du matériel fourni aux salariés est un des critères d'appréciation de l'entreprise où il fait bon travailler.

Avoir les équipements les plus performants, à la pointe de la technologie, suscite deux réactions : « Je dois être à la hauteur des moyens que l'on me donne » et « l'entreprise reconnaît l'importance de mes responsabilités ». Inversement, être moins bien équipé que ses collègues ou que les salariés des concurrents suscite un sentiment de sous-équité.

Un statut valorisant

Conférer un statut reconnu, conforme à l'importance perçue de ses fonctions, est également essentiel. Les rétributions symboliques sont des déterminants forts des sentiments d'équité. Or, la diversité croissante des statuts qui coopèrent dans l'entreprise soulève des problèmes d'équité. Le statut est lié à la qualification, au titre ou à la situation juridique.

La dévalorisation des statuts précaires

Sur le plan juridique, un statut précaire ou un emploi aidé peuvent favoriser la non-équité : « L'entreprise fait une bonne affaire avec moi avec toutes les aides et les exonérations » (emploi aidé), « avec mon emploi temporaire, je suis défavorisé par rapport aux CDI » (CDD). Des taux de CDD et d'intérim de 5,9 % et de 4 % en mars 2003 en France justifient une vigilance particulière. Au-delà de l'harmonisation des avantages et de la prime de précarité, la revalorisation de l'image du travail précaire, en général et dans chaque entreprise, est nécessaire.

De même, l'effet d'aubaine des emplois aidés doit correspondre à un réel effort d'insertion de l'entreprise. Le salarié connaît les aides que reçoit l'entreprise pour l'employer. S'il n'observe pas un effort particulier pour l'intégrer et le former, il aura le sentiment que l'entreprise profite de la situation à son détriment dans le cadre d'un échange inégal. Il sera peu motivé à être performant.

Le statut cadre

La cadration – obtention du statut cadre – a, en France, longtemps été perçue comme un signe exceptionnel et apprécié de reconnaissance permettant de mobiliser fortement le nouveau cadre devenu « taillable et corvéable à merci ». Les lois sur les trente-cinq heures ont conduit à différencier les statuts cadres. Être « cadre intégré » soumis à l'horaire collectif est moins valorisant que d'être « cadre autonome » ou « cadre dirigeant ». Le titre – par exemple, directeur et non responsable ou chef de service – demeure valorisant. « Être directeur général adjoint ressources humaines et non seulement DRH valorise une fonction et m'impose d'être davantage contributif. » Veiller à ce que chacun ait une appellation et un statut valorisant contribue au sentiment d'équité.

LA GESTION DES PERSONNES

L'évolution de la gestion collective des ressources humaines vers la gestion des personnes se constate aujourd'hui dans les entreprises. « La seule application des règles collectives ne suffira pas à assurer l'adhésion véritable d'un individu à un projet, une structure et une culture… La personnalisation des approches satisfait les attentes de jeunes qui n'entendent pas renoncer à leur personnalité, à leur besoin de réussite, d'expression, d'équilibre », considère Achalme, DRH d'un groupe de restauration (revue *RH & M*, 2002, n° 2, p. 24).

La gestion des personnes est étroitement liée au management de l'équité. Parce que les décisions concernant chaque salarié dans tous les domaines des RH lui sont spécifiques, les risques de perception de non-équité sont multipliés. Parce que la personnalisation permet d'optimiser pour chacun les solutions retenues, la relation contribution-rétribution ne peut qu'être améliorée. Le salarié perçoit les grappes de pratiques personnalisées comme un avantage que lui apporte son appartenance à l'entreprise.

La gestion personnalisée du parcours

Il existe un fort besoin d'orientation et d'accompagnement. Les entreprises y répondent en personnalisant le suivi et en aidant à l'élaboration de projets, au développement des compétences et à leur mise en valeur.

Un suivi personnalisé

Dès le recrutement, les salariés apprécient d'être suivis pas à pas. Les procédures d'intégration, l'affectation d'un parrain ou d'un mentor, les enquêtes de satisfaction auprès des nouveaux, le suivi spécifique par un cadre RH, les points tripartites réguliers recruté-recruteur-hiérarchie sont les premiers éléments de la panoplie de la gestion des personnes.

Les mesures personnalisées spécifiques dont bénéficient certaines populations à forts enjeux telles que les potentiels détectés, les expatriés, les compétences clés, les nouveaux illustrent les outils d'une gestion des personnes soucieuse de mobiliser, fidéliser et faire progresser tous ceux dont la valeur stratégique est jugée forte.

L'extension du suivi personnalisé à l'ensemble des salariés est nécessaire pour éviter des sentiments de sous-équité. Le vieillissement du personnel accentue le besoin d'individualisation. Les façons de vieillir sont multiples. Les pratiques peuvent en atténuer les inconvénients ou en aggraver les méfaits. « Toute entreprise a les vieux qu'elle mérite » (Vatteville, 2003, p. 75). La lutte contre le SPFVP (sentiment précoce de fin de vie professionnelle) implique des bilans de carrière au-delà de 50 ans, et un suivi personnalisé.

Le développement récent du coaching – accompagnement individualisé d'un salarié pour l'aider à progresser – traduit ce souci de valoriser le salarié à fort enjeu. Aujourd'hui, bénéficier d'un coach apparaît comme un signe fort de reconnaissance pour ceux qui justifient une gestion sur mesure.

Progressivement, l'approche sur mesure se diffuse dans l'organisation. Les ensembles de pratiques d'évaluation examinées au précédent chapitre permettent cette évolution vers une gestion des personnes pour chacun. À condition que les processus fonctionnent bien et que l'écart entre les pratiques effectives et le dispositif présenté ne soit pas démobilisateur (Trepo, 2002).

Aide au projet professionnel personnel (PPP) et au plan individuel de carrière (PIC)

La panoplie des outils que l'entreprise peut mettre à la disposition d'un salarié pour construire son PPP ou son PIC est très riche.

Donner à chaque salarié une plus grande visibilité sur les évolutions de l'organisation, mettre en place des mesures concrètes pour accompagner les salariés lors de leur mobilité sont, par exemple, les objectifs de l'accord sur l'emploi et la gestion prévisionnelle des compétences signé le 5 juin 2003 chez France Telecom. Bilans de compétences, aide à la rédaction de CV, dispositif de VAE (validation des acquis de l'expérience), espace mobilité sont les mesures concrètes proposées.

L'audit des processus de mobilité interne révèle le niveau d'évolution de la GRH vers une gestion des personnes centrée sur les attentes et les potentiels de chaque salarié.

L'aide au développement des compétences

L'e-évaluation des managers par leurs collaborateurs chez Microsoft comporte, parmi les questions : « S'intéresse-t-il au développement de mes compétences ? » Cet exemple illustre la responsabilité croissante du responsable hiérarchique dans ce domaine. C'est lui qui connaît les compétences de son collaborateur, son poste, les compétences qu'il nécessite aujourd'hui et demain. Il est le prescripteur habilité à identifier les progrès à faire et les outils à mettre en œuvre.

Mettre en valeur ses compétences

Aider le salarié à « savoir se vendre » (Ogier, 2003) conditionne la fluidité de l'organisation et une mobilité forte et acceptée. Savoir faire sans faire savoir n'est plus suffisant dans des organisations en constant redéploiement. La mobilité nécessite la visibilité des talents. Cette aide repose sur une panoplie d'outils et en particulier un rôle actif de parrains, tuteurs, coaches internes ou gestionnaires de carrière. Les techniques de l'outplacement (conseil en réorientation externe) peuvent utilement être employées en interne.

L'apport de l'e-RH

Les NTIC ont favorisé le développement des pratiques personnalisées. L'e-RH permet une gestion des personnes efficace, avec les possibilités de l'e-administration, l'e-mobilité, l'e-formation et l'e-évaluation (Merck, 2002).

Les applications plébiscitées par les salariés comme source de progrès personnel au service de l'organisation concernent l'emploi, la mobilité et le développement des compétences. Cependant, l'e-administration, parce qu'elle permet au salarié d'être mieux informé et responsabilisé dans les actes administratifs, a aussi un impact sur la satisfaction et fait partie des grappes de pratiques qui renforcent le sentiment d'équité. Ainsi, l'e-toile des Brasseries Heineken, intranet d'Or 2003, « fait partie de la vie quotidienne des salariés » et « fait émerger une identité commune autour des valeurs de l'entreprise » (*Entreprise & Carrières*, n° 687, 14 octobre 2003, p. 17).

L'e-mobilité

Les bourses d'emploi en ligne évoluent vers la rencontre de l'offre et de la demande dans des délais très rapides. L'e-mobilité peut aller de la définition de poste à la sélection finale avec tests et assessment centers en ligne. L'e-mobilité réduit les sentiments d'opacité et de hasard trop souvent associés à la mobilité interne. Elle ne fait pas disparaître le risque d'iniquité. « J'ai postulé dix fois à des postes qui correspondaient très bien à mon profil. Dix fois, j'ai été écarté au premier ou second stade et j'ai constaté que les présélectionnés étaient systématiquement les plus jeunes » (salarié de 45 ans). Dans ce cas, la transparence fait ressortir la tendance des décideurs à favoriser les jeunes et exclure les seniors. Un système de veille analysant les critères effectifs de sélection à chaque étape permet de réduire certains risques de discriminations intempestives et contraires aux règles affichées. Un tableau de bord de la mobilité, facile à mettre en place à partir des intranets emplois, permet de vérifier son caractère équitable.

L'e-évaluation

L'e-évaluation recouvre la mise en ligne des outils traditionnels d'évaluation évoqués précédemment, formulaire de l'entretien annuel d'appréciation et même « e-360° » (cf. chapitre 5), et les possibilité offertes au salarié de s'auto-évaluer. Ces outils d'auto-évaluation des compétences et des connaissances sont un auxiliaire irremplaçable pour le salarié soucieux de progresser. Les outils d'e-évaluation sont connectés avec les référentiels de compétences et permettent un auto-positionnement. L'e-évaluation favorise le développement des compétences recherchées et améliore l'employabilité du salarié actif.

Le développement de l'approche ERM (Employee Relationship Management)

L'intranet favorise l'adoption d'une gestion de la relation avec les salariés aussi fine que celle avec les clients. La qualité de cette relation contribue à la perception de l'équité. En effet, le salarié a d'autant plus confiance dans l'équité des processus et des décisions qu'ils reposent sur des outils performants.

L'autonomie croissante des salariés

L'évolution des organisations, accentuée par l'apport des NTIC, requiert des salariés plus autonomes. Les nouvelles technologies et les nouvelles formes de travail en réseaux offrent aux salariés des perspectives d'accroissement de leur contribution. La technologie facilite le travail en permettant des gains d'efficience. Dès lors que les gains obtenus sont partagés entre l'entreprise, ses clients et les salariés, et que le salarié a le sentiment qu'il n'a pas la portion congrue, le sentiment d'équité se développe.

CHAPITRE 7

Définir et afficher les règles

Le niveau de rétribution est le résultat de l'application d'un ensemble de règles. Ces règles sont appliquées avec une interprétation plus ou moins forte selon le degré de précision des règles. Ces règles peuvent cependant être analysées en fonction de leur formalisation.

On distingue un système fait de règles formelles, officielles, explicitées et affichées et un système fait de règles informelles, officieuses, parallèles. Pour obtenir un niveau satisfaisant d'équité processuelle, les règles informelles apparaissent insuffisantes. La règle formalisée constitue un repère explicite et favorise le sentiment d'équité. La règle est un étalon des comportements et une référence pour les comportements futurs. Les règles contiennent une idée d'exemplarité (Reynaud, 1994).

Pour certains économistes (économie des conventions), la règle n'est pas un modèle qui dicte les comportements mais un cadre pour l'action qui exige une interprétation plus ou moins forte. Le chapitre 8 abordera ce problème du respect des règles. Le souci d'équité conduit à définir des règles qui nécessitent une interprétation minimale. La communication sur les règles doit limiter les ambiguïtés d'interprétation.

Le compromis fordien a longtemps servi de règle tacite et a régulé avec efficacité les sociétés industrielles. Il repose sur l'échange entre gains de productivité et augmentations de salaire. Il distribue du pouvoir d'achat sur la base des progrès de productivité. Le syndicat négocie avec la direction les modalités du partage. Le poids du syndicat garantit l'équité. La segmentation des salariés en grandes catégories homogènes favorise la négociation. Des mesures d'augmentations générales hiérarchisées (taux identique pour tous) suffisent pour faire naître un sentiment d'équité d'autant plus vif qu'il existe une solidarité catégorielle forte.

Le sentiment d'équité né du compromis fordien reposait sur trois convictions partagées par la grande majorité des ouvriers :

- C'est l'effort collectif des travailleurs productifs qui crée de la richesse dans le cadre d'une organisation scientifique du travail.
- Les gains de productivité obtenus par l'effort collectif permettent de distribuer des rémunérations supplémentaires. Il y a du grain à moudre.
- Le syndicat est le plus qualifié pour obtenir l'augmentation maximale possible et défendre les intérêts des travailleurs.

Au fur et à mesure que ces convictions sont moins partagées – avec une montée de l'individualisme et le souci de voir reconnaître sa contribution personnelle –, la garantie d'équité qu'apportait le compromis fordien est remise en cause. La formulation de règles acceptées par l'ensemble des acteurs s'impose. Elle concerne toutes les dimensions de la rétribution qui seront prises en compte par chaque salarié pour évaluer son ratio d'équité.

Il apparaît donc nécessaire d'identifier dans un premier temps l'ensemble des composantes qui constituent la rétribution globale. L'accroissement des parts individuelles et variables justifie une attention particulière sans pour autant négliger les multiples autres éléments et la reconnaissance. Une réflexion sur la flexibilité des règles et leur communication conclut ce chapitre.

DÉFINIR LES COMPOSANTES DE LA RÉTRIBUTION GLOBALE

La rétribution combine de nombreux modes de reconnaissance de la contribution du salarié. On peut distinguer en particulier la rétribution extrinsèque (éléments indépendants du contenu de l'activité) et intrinsèque (éléments attachés au contenu de l'emploi occupé). Les rétributions négatives (sanctions, refus d'accorder un avantage…) sont à examiner aussi puisque les salariés les prennent en compte dans l'évaluation de leur rétribution globale. La rétribution regroupe rémunération et reconnaissance.

La rémunération globale

Progressivement, les composantes de la rémunération se sont diversifiées.

La pyramide des rémunérations

Donnadieu a proposé une pyramide des rémunérations (figure 2) qui fait ressortir la diversité des composantes de la rémunération (1993).

Pour faciliter leur analyse, il est nécessaire de les classer. Donnadieu distingue la rémunération directe, incluant le salaire de qualification et celui de performance, et les périphériques légaux, sélectifs et statutaires. Sire a identifié huit éléments extrinsèques – rémunération fixe, rémunération du mérite individuel, rémunération du mérite collectif, partage du profit, participation au capital, avantages en nature, retraite et prévoyance – et trois éléments intrinsèques – avantages carrières, intérêt du travail, statut social (1993).

Typologie des composantes

Compte tenu des nouveaux arbitrages des politiques de rémunération, les composantes sont classées selon qu'elles sont individuelles ou collectives, fixes ou variables, immédiates ou différées, monétaires ou non monétaires. Le tableau de la figure 3 propose une typologie en 16 classes.

LA PYRAMIDE DES RÉMUNÉRATIONS

LA RÉMUNÉRATION DIRECTE

| Salaire de base |
| Complément individuel |

} **Salaire de qualification**

| Part individuelle réversible (bonus, commission, gratification…) |
| Part d'équipe réversible (bonus, prime d'objectif…) |

} **Salaire de performance**

| Primes fixes | Primes variables |

LA PÉRIPHÉRIQUES LÉGAUX
(monétaires)
(immédiats ou différés)

| Intéressement au résultat, à la productivité, aux objectifs |

| Plan d'épargne (avec ou sans actionnariat) | Participation financière | Stock-options |

LES PÉRIPHÉRIQUES SÉLECTIFS (souvent en nature)

| Gratification en nature (voyage, cadeau) | Voiture de société | Complément de retraite | Membre d'une association professionnelle |

| Frais de représentation | Frais de déplacement | Logement de fonction | Téléphone personnel | Jetons de présence |

LES PÉRIPHÉRIQUES STATUTAIRES (quelquefois en nature)

| Remises sur les produits de la société | Conseils juridiques et financiers | Bourses d'études des enfants | Facilité pour les loisirs |

| Participation aux repas | Assurance vie | Prévoyance | Maison de retraite |

| Compte épargne-temps | Complément de retraite | Assurance automobile | Médaille du travail | Assurances risques divers |

| Mutuelles maladie | Aide familiale | Transport du personnel | Prêts de la société | Membre club sportif/culturel |

RÉMUNÉRATION GLOBALE

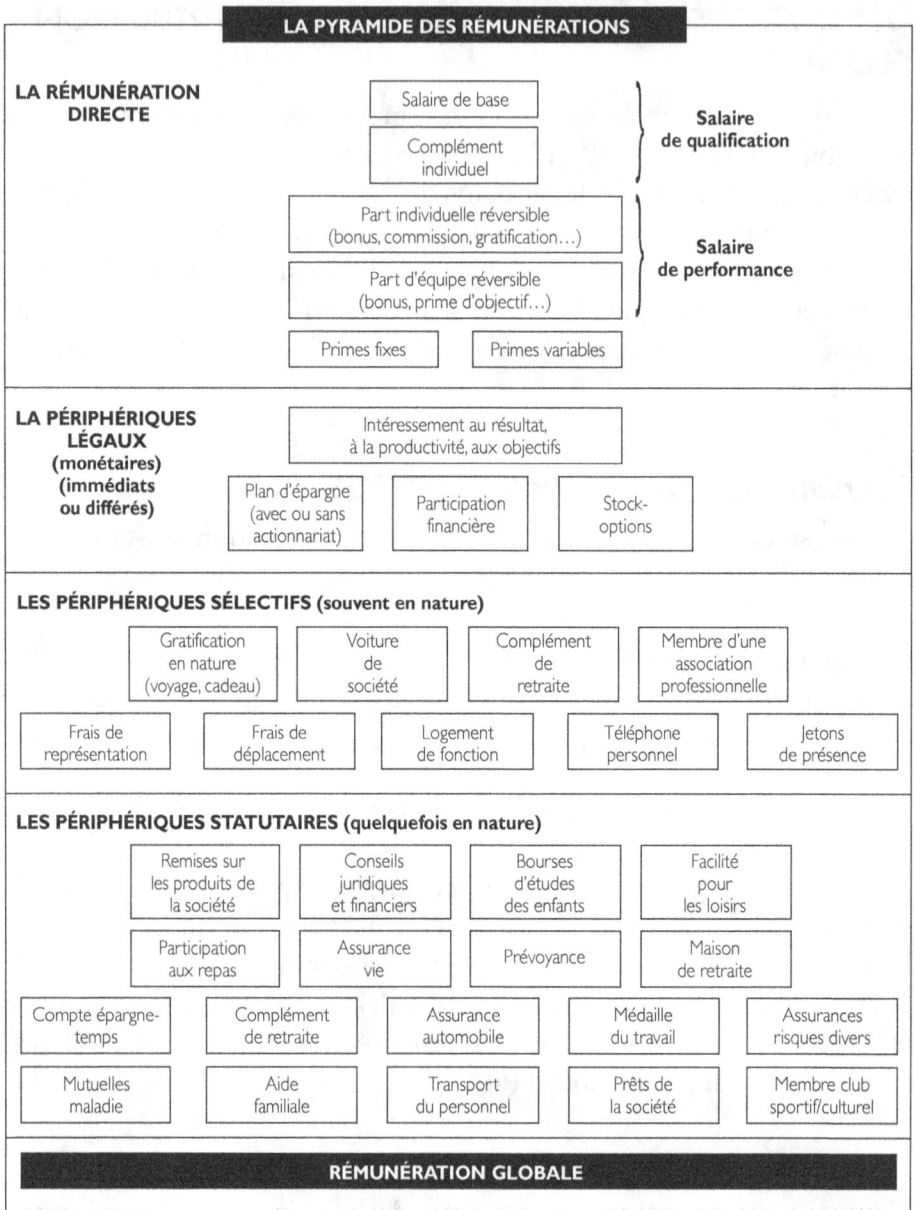

Figure 2. La pyramide des rémunérations

ARBITRAGES				EXEMPLES
Collectif	Fixe	Immédiat	Monétaire	Salaire de Base
			Non monétaire	Ticket restaurant
		Différé	Monétaire	Retraite complémentaire
			Non monétaire	Prévoyance collective
	Variable	Immédiat	Monétaire	Intéressement
			Non monétaire	Cadeaux ou voyages collectifs
		Différé	Monétaire	Participation
			Non monétaire	
Individuel	Fixe	Immédiat	Monétaire	Modulation individuelle du salaire de base
			Non monétaire	Logement de fonction voiture de fonction
		Différé	Monétaire	Retraite surcomplémentaire
			Non monétaire	Prévoyance individuelle
	Variable	Immédiat	Monétaire	Bonus
			Non monétaire	Voyage, cadeau
		Différé	Monétaire	Stock-options
			Non monétaire	

Figure 3. Typologie des composantes

Certaines classes sont peu utilisées. Ainsi, il y a peu d'éléments varia-bles – différés – non monétaires, individuels ou collectifs. Certaines classes connaissent une forte progression en fonction d'opportunités (exonérations fiscales et sociales), d'attentes accrues des salariés ou de leur alignement avec les orientations stratégiques de l'entreprise.

La reconnaissance

Le besoin d'être reconnu est fort. Une étude de la fédération CFDT des services auprès de 5 500 salariés montre que, avec les salaires, c'est le souci de reconnaissance qui apparaît comme l'attente la plus importante aux yeux de ces salariés. 64 % d'entre eux considèrent ne pas être reconnus et surtout « être victimes d'une indifférence totale » (*Entreprise & Carrières*, n° 673, p. 9). Les salariés prennent également en compte les signes négatifs, ces « mille signes discrets, du haut vers le bas, qui permettent à l'échelon supérieur de faire ressentir à l'échelon d'en dessous qu'il est non seulement hiérarchiquement inférieur mais aussi socialement inférieur » (Serieyx, 1989, p. 76). Parkings réservés, étages réservés, tables et salles de restaurants réservées, ascenseurs ou toilettes réservés sont des signes de reconnaissance pour les bénéficiaires et d'exclusion pour les autres.

Les signes de reconnaissance sont extrêmement variés. Les travaux de l'Institut de la reconnaissance ont permis de réaliser un inventaire et un classement des principales marques (Bourcier, 1997). Les principales marques de reconnaissance sont analysées plus bas.

LES RÈGLES DE L'INDIVIDUEL

La différenciation de la rétribution en fonction des caractéristiques individuelles s'est progressivement répandue. Aujourd'hui, il est couramment admis que l'individualisation améliore la performance des organisations (Watson Wyatts, 2003). Ceci nécessite l'alignement de l'individualisation sur la stratégie globale et les objectifs de l'entreprise, la cohérence des modalités, la transparence et la légitimité des règles et de ceux qui les appliquent. L'individualisation concerne de nombreux éléments : le salaire fixe, le variable et d'autres composantes.

La modulation du fixe

Modalités

À l'intérieur d'une fourchette de salaire, les augmentations individualisées permettent la modulation individualisée du salaire fixe. La part consacrée aux enveloppes d'AI (augmentations individualisées) progresse depuis 1983. Entre 1985 et 1995, la part des entreprises françaises qui ne pratiquent pas les AI diminue de 66 % à 46 %. Au niveau international, les fourchettes s'élargissent avec le broadbanding, bandes élargies. « Les Français sont les champions de l'individualisation des rémunérations » (Sire, 1998).

Le développement des AI alimente le débat sur les critères à prendre en compte : le résultat passé, le résultat futur (potentiel et accroissement des compétences) ou le mérite (comportements, efforts) ? (Igalens & Peretti, 1999).

Limites

Les limites de la modulation individuelle du salaire fixe à travers les augmentations individuelles sont apparues progressivement.

Les augmentations individuelles sont peu adaptées à la rémunération des résultats du fait de leur caractère irréversible. La principale difficulté tient à la récompense des résultats des « piliers » – salariés associant haut niveau de performance et faible potentiel d'évolution – lorsqu'ils se sont rapprochés du maximum de leur fourchette. L'impossibilité de leur conserver les niveaux d'augmentation auxquels ils se sont accoutumés leur paraît inéquitable : « Lorsque mes résultats étaient très bons, j'obtenais 8 % d'augmentation, depuis deux ans, on me dit qu'ils sont excellents et on m'accorde 2 % seulement. C'est d'autant plus injuste que de jeunes collègues ont obtenu 6 % avec des résultats à peine bons ! »

Les matrices d'augmentation – déterminant leur taux en fonction du niveau de performance et du positionnement dans la fourchette de salaire – sont perçues comme peu équitables en termes d'équité tant historique qu'interindividuelle. L'augmentation du salaire fixe est irréversible. La limite haute de la fourchette attribuée à un poste peut être atteinte en quelques années (souvent entre huit et quinze ans) par un salarié dont les résultats progressent (bons, très bons, excellents). Le plafond atteint, le salarié a le sentiment de ne plus être reconnu. Il revendique une promotion comme rétribution de sa performance.

Lorsque des possibilités de promotion n'existent pas, le salarié plafonné ressent une situation de sous-équité.

Le variable individuel

Quelques années après l'apparition de la modulation du fixe, le recours au variable individuel s'est imposé pour prendre en compte la performance de ceux qui avaient déjà progressé vers le haut de la fourchette. Les augmentations individuelles n'étant utilisées pour récompenser les résultats que jusqu'à un certain niveau – par exemple, le milieu de la fourchette –, les bonus prennent le relais au-delà. L'objectif est de pouvoir reconnaître chaque année la contribution dans le poste. Ainsi, les AI (augmentations individuelles) concernent essentiellement la progression de la contribution pendant les premières années dans un poste ou un niveau de salaire. Ensuite, le bonus et son éventuelle progression récompensent la performance.

Les règles de détermination du variable individuel sont analysées plus loin.

L'individualisation des autres composantes

La volonté de personnaliser s'est étendue à l'ensemble des composantes de la rétribution et nécessite de préciser les règles applicables. Quelques exemples illustreront cette individualisation.

Les plans d'option sur actions (POA)

Un POA accorde à un ou plusieurs bénéficiaires choisis de façon sélective le droit d'acheter des actions de leur entreprise durant une période de temps donné à un prix fixé d'avance. Le POA est présumé appuyer la stratégie de recrutement, de motivation et de fidélisation de façon sélective et peu onéreuse pour l'entreprise. En France, une majorité d'entreprises cotées utilisent les POA pour une part plus ou moins étendue des salariés. Le nombre d'actions est personnalisé. Le critère d'attribution avancé par 60 % des entreprises est la performance individuelle. Récompenser les meilleurs éléments et les fidéliser sont les objectifs qu'identifient diverses enquêtes (Desbrieres, Saint-Onge &

Magnan, 2001). L'opacité des critères de détermination des bénéficiaires et des montants fait rarement des POA un exemple d'équité processuelle. Les entreprises qui ont codifié les modalités d'attribution et su communiquer ont un avantage.

La rémunération des compétences acquises

L'accord Acap 2000 de la société Usinor en 1990 a popularisé le principe de rémunérer le salarié pour les compétences qu'il acquiert, y compris celles qui ne sont pas explicitement requises par son emploi. Très favorable à l'encouragement du développement des compétences, la rémunération de compétences acquises, même non immédiatement requises, doit être strictement formalisée et, en particulier, le processus de validation des compétences acquises doit être explicité et accepté par l'ensemble des acteurs concernés. Les controverses restent vives sur l'opportunité, la faisabilité et la pérennité de cette forme d'individualisation (Klarfeld & Saint-Onge, 2000).

La prime d'assiduité

Elle récompense un comportement individuel : la présence. La règle est claire : celui qui n'a jamais ou rarement été absent bénéficie d'un avantage supplémentaire par rapport à ses collègues. Les difficultés sont cependant réelles. Y a-t-il un seuil d'absence incompressible toléré (par exemple, quatre jours) en deçà duquel la prime d'assiduité est maintenue ? Toutes les absences sont-elles à comptabiliser ? Les règles retenues peuvent créer des sentiments d'iniquité. Le seuil retenu devient la norme. « Combien me reste-t-il de congé maladie ? », s'inquiète le salarié qui trouve inéquitable que son voisin qui a été malade quatre jours ait la même prime que lui qui ne l'a pas encore été ! La sélection des motifs d'absence exonérés soulève aussi des ressentiments. La tendance actuelle est à abandonner ces primes et à intégrer la présence dans les critères d'évaluation des résultats.

Les avantages sélectifs

Il existe un grand nombre d'avantages dont ne bénéficient que certains salariés. Certains sont attribués à certaines catégories de façon uniforme. D'autres sont individualisés. Ils peuvent résulter d'usages, de négociations individuelles lors du recrutement ou lors de discussions salariales annuelles. Ils peuvent être ou non régis par des règles connues. Parmi les avantages sélectifs, la voiture de fonction occupe une place importante dans certaines entreprises. D'autres entreprises préfèrent l'attribuer en fonction du poste occupé selon des critères traduisant la hiérarchie des emplois.

La tendance actuelle est d'intégrer ces avantages individualisables dans la négociation de la rémunération totale – le « package » salarial – avec des possibilités de choix et d'arbitrage dans une approche cafétéria (à la carte).

L'individualisation à la carte

La flexibilité du système de rémunération et d'avantages sociaux, c'est-à-dire la possibilité de choix par le salarié entre différents types d'avantages, accroît la satisfaction du salarié à l'égard de sa rétribution. L'approche « cafétéria » ou « rémunération à la carte » a un impact positif sur l'évaluation par le salarié de sa rétribution. En choisissant, il optimise l'utilité de ce qu'il reçoit.

L'analyse des recherches effectuées par Poilbot-Rocaboy et Soulié-Mathieu (2000, p. 221) souligne l'existence d'une relation positive entre les possibilités de choix et la satisfaction à l'égard des avantages. Une mesure de la satisfaction à l'égard des avantages sociaux effectuée avant et après la mise en place d'un système flexible fait ressortir un accroissement significatif.

La thèse de Soulié a montré l'accroissement de la perception de l'équité et de celle de la justice procédurale lors de l'instauration d'un système de prévoyance à la carte, dans deux entreprises en France. Chez Alcan France, chaque collaborateur a un capital points qu'il octroie à sa guise aux six niveaux de couverture possibles en prévoyance et quatre en frais de santé. Ceux qui ne veulent pas faire de choix bénéficient d'un régime de référence. En 2003, il ne concerne qu'1 % des salariés (*Entreprise & Carrières*, n° 675, 24 juin 2003).

Cependant, le degré de complexité, le coût de la gestion administrative, d'une part, le risque d'anti-sélection et de surcoût lié au choix par chaque salarié des options qui le concernent au détriment de la mutualisation et de la solidarité, d'autre part, ont conduit à limiter l'arbitrage à un nombre réduit d'options. Tous les salariés ne souhaitent pas assumer la responsabilité de choix complexes.

L'individualisation à la carte peut concerner tous les domaines de la GRH : organisation du travail, aménagement des postes et espaces, aménagement du temps, formations, rétributions. Les travaux de Colle, Cerdin et Peretti (2003) ont fait ressortir l'influence du choix sur la satisfaction du salarié.

Les risques

Les avantages de l'individualisation s'accompagnent de risques pour les sentiments d'équité. Le premier risque est la multiplication des éléments de comparaison avec des possibilités accrues de se percevoir en situation désavantageuse. L'individualisation portant sur des éléments hétérogènes et plus ou moins visibles, la perception de la rétribution globale devient difficile.

L'individualisation expose également l'entreprise aux risques de négociations multiples entre les salariés, leurs responsables, la DRH, avec une éventuelle participation des représentants du personnel et la pression constante du marché externe. Les transactions nombreuses et répétées sont source de coûts et, éventuellement, d'iniquité, qui limitent l'intérêt de l'individualisation. L'auditeur entend souvent le reproche : « C'est celui qui a le mieux négocié et non pas le plus performant qui a obtenu le plus. »

Le développement de l'individualisation est pertinent lorsque la transparence des processus s'accompagne d'une fiabilité des décideurs. Il est essentiel de vérifier le niveau de confiance des salariés à l'égard des processus et décisions individualisées.

LES RÈGLES DU VARIABLE

Le développement de la rémunération variable en France concerne le variable collectif dans les années 1987-1992 et, dès 1992, le variable individuel avec l'apparition de bonus et de primes exceptionnelles. Les entreprises utilisent aujourd'hui les deux formes de rémunération variable et les plans de rémunération variable sont plus importants que jamais (Watson Wyatts, 2003).

Le variable collectif : intéressement et participation

En France, l'importance du cadre réglementaire conduit à distinguer les formes strictement réglementées – obligatoires, comme la participation, et facultatives, comme l'intéressement – et celles qui ne le sont pas et ne bénéficient donc pas d'un traitement de faveur en termes d'exonérations fiscales et sociales.

Les systèmes légaux

L'essor du variable collectif sous la forme de la participation et de l'intéressement dès 1987 a été favorisé par six éléments du contexte.

- L'évolution du cadre réglementaire simplifie les modalités de mise en place des dispositifs d'intéressement et étend la participation obligatoire aux entreprises dès 50 salariés, avec l'ordonnance de 1986.
- La reprise économique gonfle les résultats – et donc la participation légale – et donne du « grain à moudre » après des années de rigueur voire de gel salarial. Les entreprises ont eu des difficultés à contenir leur masse salariale durant la crise des années 1974. Elles ont connu l'inexorable montée du ratio frais de personnel sur valeur ajoutée, signe de leur perte de compétitivité et de la réduction de leur capacité à investir. Elles ne sont parvenues à réduire ce ratio entre 1983 et 1986 qu'en abandonnant les pratiques d'indexation et d'augmentations générales fortes. Elles craignent les conséquences de mesures irréversibles en cas de retournement conjoncturel. Elles ont donc une préférence pour les éléments variables.

- Le courant de pensée sur l'économie du partage, illustré aux États-Unis par Weitzman (1984), popularise en France le partage du profit. Il redonne actualité au thème déjà ancien de la participation financière aux résultats de l'entreprise et à l'association capital-travail. Il contribue à faire accepter l'idée d'un partage du risque économique entre la société et le salarié.
- Après quelques années d'individualisation des salaires – les augmentations individuelles se développent entre 1983 et 1987 –, certains effets pervers sont identifiés. La somme des performances individuelles ne crée pas la meilleure performance collective. La vogue à l'époque du concept de projet d'entreprise, autour duquel construire une culture forte et un sentiment d'appartenance favorable à la performance collective, suscite le besoin d'un élément de rémunération collective qui limite les méfaits de l'individualisme.
- La possibilité de choisir les critères sur lesquels déterminer le montant des sommes à distribuer au titre de l'intéressement permet d'envisager son alignement sur la stratégie de l'organisation. L'intéressement est un dispositif souple, adaptable à des entreprises de toutes tailles confrontées à des défis différents.
- La communication sur la formule d'intéressement et sur l'ensemble des paramètres est un facteur de mobilisation. Les vertus pédagogiques de l'intéressement sont mises en avant. En choisissant des critères peu nombreux et pertinents, on peut faire prendre conscience aux salariés des dimensions clés de leur contribution.

L'essor des accords d'intéressement en vigueur est spectaculaire : 1 303 en 1985, 2 162 en 1986, 3 640 en 1987, 7 278 en 1988 et 9 911 en 1989. En quatre ans, leur nombre a été multiplié par plus de 7 !

Progressivement, les entreprises constatent que l'efficacité de leur dispositif de variable collectif dépend de la pertinence des règles retenues et négociées, d'une part, et de la qualité de la communication sur les règles et leur mise en œuvre, d'autre part. Depuis quinze ans, les progrès sont considérables. Les entreprises renégocient tous les trois ans les modalités de calcul. Elles veillent à ce que les indicateurs choisis soient alignés avec les enjeux stratégiques du moment. Par exemple, une entreprise confrontée à des problèmes de respect des délais de livraison client peut choisir comme critère le taux de respect, avec des seuils : si le taux est inférieur à 60 %, pas d'intéressement sur ce critère ; s'il est compris entre 61 et 75 %, 0,5 % de la masse salariale sera affecté à l'intéressement et 1 %, au-delà de 75 %.

Les enjeux financiers sont devenus importants pour les salariés. L'intéressement, dans les petites entreprises qui l'ont adopté, représente près de 2 000 € par personne. Chez Dassault-Systèmes (1 350 salariés), le bilan social 2002 indique des montants moyens de 8 146 et 6 027 € pour la participation et l'intéressement, soit un supplément de 30 % de rémunération. Chez Aventis Pasteur, l'intéressement atteignait 4 386 €, et, chez l'Oréal, 5 670 €. À la Bred, l'intéressement et la participation totalisaient 8 800 €. En 2001, 4,6 milliards d'euros de participation et 4,1 milliards d'intéressement ont été répartis entre 4,2 et 3,5 millions de bénéficiaires pour des montants individuels moyens respectifs de 1 080 € et 1 147 €. Plus d'un salarié sur trois a, en 2001, perçu participation ou intéressement. Les 8,7 milliards d'euros distribués représentent plus de 1 500 € pour les 5,5 millions de salariés concernés (Dares, *Premières informations*, n° 37.2, septembre 2003). L'importance des enjeux financiers justifie l'intérêt des recherches sur l'impact de ces dispositifs de partage des profits sur l'équité.

Lorsqu'on interroge le salarié sur sa perception de la rétribution que représente la participation, il mentionne deux réserves :

- « Puisque c'est obligatoire, je ne me sens pas redevable envers l'entreprise »
- « Puisque c'est indisponible pendant cinq ans, ce n'est pas une vraie rétribution »

Il est important de lever ces deux obstacles à travers la communication pour permettre leur intégration par le salarié dans son évaluation de sa rétribution globale.

Les réserves sont différentes pour l'intéressement :

- « Si l'entreprise l'a mis en place, c'est pour payer moins d'impôts et de charges »

- « Le montant est trop aléatoire et dépend de la conjoncture plus que de notre travail »
- « Que je contribue ou pas, le montant sera le même »

Sur ces trois points, la communication doit modifier les perceptions afin que le salarié le considère comme une composante de sa rétribution globale. La communication met en valeur l'avantage pour le salarié du statut fiscal et social de l'intéressement, d'une part et, d'autre part, le lien entre les efforts qu'il fait et le montant de l'intéressement global qui sera partagé entre tous. Les modalités de partage permettent de faire ressortir l'importance avec des valeurs de cohérence et de solidarité. En 2001, 85 % des entreprises dotées d'un accord ont pu distribuer des primes. L'aspect aléatoire est donc, en partie, limité.

Les systèmes maison

Pour éviter les exigences des dispositifs réglementés ou, plus fréquemment, par souci de cohérence internationale en appliquant en France le système en vigueur dans les autres pays d'implantation, l'entreprise développe son propre système de partage des profits.

Cette liberté d'action permet de limiter le nombre de bénéficiaires à certains niveaux hiérarchiques et de différencier les critères et les montants.

Ainsi, la filiale française du groupe D a un système dit PS (*profit sharing*) pour les cadres et dirigeants, avec cinq niveaux différenciés : cadres, chefs de service, cadres supérieurs, cadres dirigeants, cadres exécutifs. À chaque niveau correspond un niveau différent de PS – limité à 15 % du salaire de base pour le premier niveau et pouvant atteindre 80 % pour les exécutifs – et une pondération différente entre les résultats du service, de l'unité, de la branche, de la filiale ou du groupe. Pour être perçues comme équitables, ces différences doivent être justifiées. Et surtout, le cadre de base doit pouvoir espérer progresser jusqu'aux niveaux bénéficiant de rétributions plus fortes.

Les effets

Les effets de l'intéressement ont suscité l'intérêt des chercheurs tant aux États-Unis qu'en France. Les recherches montrent une réduction des taux d'absentéisme et de démission. Elles concluent également à une productivité plus élevée (Commeiras, 2001). À l'heure actuelle, le variable collectif est perçu comme une composante de la rémunération dont les avantages (régime fiscal et social) compensent les inconvénients (aléatoire, opaque…). Les enquêtes d'opinion internes font généralement ressortir un haut niveau de satisfaction à l'égard du variable collectif. Le « partage des profits » et la « solidarité » entre salariés sont les deux atouts mis en avant par les salariés.

Le variable individuel

La construction et la mise en œuvre d'un système de rémunération variable individuelle sont censés avoir un impact important sur la performance de l'organisation du fait de l'effet attendu sur le comportement des salariés. En liant clairement le niveau ou l'accroissement de certaines mesures de la contribution individuelle ou collective des salariés à une modalité précise de la rétribution, l'entreprise attend des résultats.

La rémunération variable présente un caractère aléatoire qui est accepté différemment selon les salariés. Les économistes ont recherché la politique optimale de rémunération incitative pour une population hétérogène face au risque salarial. Face à des salariés dont certains acceptent le risque et d'autres sont opposés au risque, le libre choix entre deux contrats est envisageable mais le choix des salariés ne se porte pas spontanément vers le contrat adapté à leurs propres caractéristiques (Cavagnac, 1996).

Les difficultés rencontrées pour mettre en œuvre les rémunérations variables, les effets pervers constatés, les rigidités créées, les coûts engendrés et une efficacité jugée souvent aléatoire ont fait ressortir la nécessité d'une analyse fondée sur la théorie de l'équité. Le système n'est efficace que si les règles sont alignées avec les objectifs stratégiques de l'organisation, clairement définies, et que les réticences de la part des bénéficiaires et de l'encadrement sont anticipées et dépassées.

L'alignement stratégique

Pour décliner un système de rémunération variable à partir des objectifs stratégiques de l'organisation, il est nécessaire de définir un cahier des charges permettant de transformer les objectifs globaux en contributions individuelles et collectives mesurables.

Le choix d'une grille d'indicateurs de performance est particulièrement délicat. La grille doit concilier deux impératifs opposés :

- être brève pour pouvoir être suivie aisément ;
- refléter la contribution dans ses principales dimensions.

La grille comporte généralement des indicateurs quantitatifs et qualitatifs, objectifs et subjectifs, individuels et collectifs. Ainsi, chez A : « En début d'année, deux critères personnels sont retenus et négociés pour chaque commercial parmi les quatre suivants : nombre de rendez-vous prospects, nombre de nouveaux clients, pourcentage de progression du chiffre d'affaires, nombre de propositions faites en commun avec d'autres pôles. » La qualité du dialogue initial garantit l'efficacité du système.

Le choix de la périodicité du calcul et du versement du variable est également délicat. L'entreprise retient parfois plusieurs périodicités : mensuelle, trimestrielle et annuelle, par exemple. Ainsi, l'entreprise B a retenu deux primes variables pour ses responsables commerciaux : un variable mensuel calculé sur le volume de vente mensuel du secteur et une prime annuelle fonction du taux de marge sur l'année (rien pour moins de 29 % de marge, un demi-mois pour 29 %, un mois pour 30 %, un mois et demi pour 31 % et deux mois à partir de 32 %). Chaque périodicité a des avantages et des limites. La périodicité mensuelle est stimulante : « Chaque mois, je suis la marge réalisée et je calcule ma prime mensuelle. Je suis motivé à faire du chiffre sans sacrifier la marge mais, si la concurrence est trop forte, je n'hésite pas à sacrifier le taux de marge. » La périodicité annuelle permet de mobiliser sur des critères essentiels dans la durée – ici, le taux de marge – mais avec des risques de démobilisation : « Il est difficile de maîtriser le taux de marge. Il dépend du coût des matières premières que nous ne pouvons pas toujours répercuter rapidement. Si l'objectif de taux de marge apparaît en cours d'année trop difficile à atteindre, on perd de vue cette prime et on se concentre sur le volume pour ne pas perdre de parts de marché. » On adopte aussi des comportements dangereux : « Si les difficultés pour maintenir la marge apparaissent en fin d'année, on laisse passer des affaires pour conserver un bon taux et la prime annuelle. »

Une attention particulière doit être portée au caractère discriminant du système et aux modalités de détermination des éléments variables (seuils, plafonds, montants cibles, courbes). Les effets de seuil doivent être anticipés et corrigés.

La communication des règles

La communication interne doit accompagner le processus de conception et de mise en œuvre du système. Elle doit préciser les mécanismes et outils de gestion associés au système, la mesure des indicateurs et les formules de calcul des éléments variables. On constate souvent l'absence d'explications claires et pédagogiques sur les critères. Les carences de communication sont à l'origine des principaux échecs rencontrés.

Cette transparence peut être élargie. Ainsi, Altadis précise, dans son rapport annuel 2002, diffusé aux actionnaires : « Altadis dispose aujourd'hui, pour les cadres, d'un système d'évaluation de la part variable de leur rémunération qui intègre trois paramètres : les résultats de l'entreprise, l'atteinte des objectifs individuels et le niveau d'adhésion aux valeurs du groupe. »

Réticences et facteurs de réussite

Un système variable soulève bien des interrogations. L'encadrement direct est sollicité pour mesurer certains aspects de la performance, notamment qualitatifs. Il appréhende les conséquences de ses évaluations sur la qualité de ses relations avec ses collaborateurs. Les salariés émettent des réserves sur cinq points : le choix des critères, la détermination des objectifs et des normes de performance, la mesure des critères, le niveau global du variable, l'insécurité.

Le choix des critères

Les critères retenus peuvent être quantitatifs et/ou qualitatifs, porter uniquement sur les résultats, le développement des compétences, les comportements, ou constituer un assortiment. Il est rare que ces critères ne soient pas explicités. C'est parfois le cas dans des entreprises de petite taille ou qui ont grandi sans formaliser leurs pratiques. Ainsi, l'entreprise C (100 personnes) a conservé une prime versée de façon discrétionnaire en fin d'année, reflétant l'appréciation de la direction générale sur les performances individuelles et ne reposant pas sur un système connu d'évaluation. Sa souplesse est un avantage mais « crée des phénomènes de cour qui se renforcent en fin d'année, quand chaque salarié essaie d'entrer en grâce auprès de la DG ». Il semble qu'en France le variable discrétionnaire conserve ses partisans alors qu'aux États-Unis les plans de variable sont précisément formalisés (Watson Wyatts, 2003). Expliciter les critères semble indispensable pour contribuer au sentiment d'équité.

Lorsque l'entreprise D a décidé de créer un bonus individuel pour les cadres, l'utilisation, comme seul critère, du résultat a été mal accueilli. Les syndicats ont été très critiques, reflétant les réticences d'une génération de cadres inquiétés par cette évolution. Il a donc été décidé de mesurer la performance individuelle à travers l'accomplissement de 5 à 7 objectifs définis en début d'année dans trois domaines : l'activité, les responsabilités, le développement professionnel. La prise en compte du critère d'acquisition de nouvelles compétences techniques et managériales favorisant le développement de l'employabilité a accru l'acceptabilité de la mesure de la performance, notamment auprès des partenaires sociaux. Elle a aussi favorisé l'alignement stratégique du bonus avec la politique de gestion des carrières et de la mobilité dans l'entreprise.

Le service export de l'entreprise E a souhaité à travers le bonus encourager les visites en clientèle, élément fondamental de sa performance sur les marchés étrangers. Elle a proposé d'intégrer dans les critères de performance le nombre de jours passés à l'étranger, suscitant de nombreuses critiques : tous les marchés étrangers et les gammes de produits ne justifient pas des normes homogènes, les circonstances peuvent nécessiter de nombreux et longs déplacements ou, au contraire, des relations sous d'autres formes. Après concertation, une prime d'expatriation en fonction du nombre de jours passés à l'étranger a été retenue et a permis d'obtenir de bons résultats.

Ces deux exemples montrent l'importance d'une concertation préalable à l'adoption des critères. Cette concertation peut porter aussi sur leur pondération et, en particulier, sur la part respective du quantitatif et du qualitatif. Lorsque l'entreprise F a adopté une part variable, elle avait retenu 20 % pour les critères qualitatifs, considérant que « la hiérarchie n'était pas encore assez mûre et expérimentée pour évaluer de façon suffisamment crédible l'aspect qualitatif pour justifier un poids supérieur ». Trois ans après, la part a été portée à 30 % et, au bout de deux années supplémentaires – une fois le processus bien rodé et accepté –, a atteint 40 %.

La pondération des critères peut évoluer dans le temps en fonction des objectifs de l'organisation et de la qualité et de l'acceptabilité des mesures. La grille de critères est également appelée à évoluer pour demeurer en ligne avec les choix stratégiques de l'organisation.

La détermination des objectifs et des normes de performance

Pour les critères choisis, le ou les indicateurs mesurant le niveau de performance normal attendu doivent être périodiquement déterminés. Généralement, les entreprises retiennent une fixation annuelle d'objectifs avec un éventuel réexamen semestriel.

La détermination de la norme est délicate. Ainsi, l'entreprise G a décidé de mettre en place une prime semestrielle d'objectif (PSO), pour tous ses salariés, incluant une part individuelle dépendant de la performance du salarié, évaluée suivant des objectifs et des critères quantitatifs d'atteinte d'objectifs, définis avec le supérieur hiérarchique direct en début de semestre. L'engagement est signé par le salarié et son supérieur hiérarchique direct. Quelques notes d'explications ont été nécessaires pour expliciter la fixation des objectifs avec des critères quantitatifs clairs. D'apparence simple, le système a nécessité des ajustements pour instituer des règles claires et quantitatives d'évaluation de la performance. Des mesures correctives ont été prises pour éviter que les objectifs ne présentent pas de difficultés trop disparates pour une même catégorie de salariés. Les lissages effectués ont parfois aggravé le sentiment d'iniquité de certains salariés.

Cet exemple illustre la difficulté d'établir des objectifs équitables, en particulier pour les non-cadres, et l'intérêt d'une démarche progressive corrigeant progressivement les anomalies enregistrées. La volonté affichée de renforcer en permanence l'équité processuelle contribue au sentiment d'équité.

La mesure des critères

Lorsque le salarié dénonce le caractère plus ou moins arbitraire des rétributions escomptées ou obtenues, il met en cause les carences de l'évaluation de leur contribution réelle. Les aspects qualitatifs sont d'autant plus critiqués qu'ils s'appuient insuffisamment sur des éléments factuels et des situations précises. Il est conseillé aux évaluateurs de faire régulièrement le point sur la qualité de la contribution afin d'étayer l'évaluation annuelle de données déjà évoquées. Les critiques concernent parfois la lourdeur du système mis en place et le gaspillage de ressources qu'entraîne son fonctionnement : « Il serait plus juste de supprimer ce système complexe, mangeur de temps et d'énergie, et de répartir l'économie entre nous ! »

Le succès d'un système dépend de la qualité du processus d'évaluation des résultats déterminants la rémunération variable et de celui de distribution des primes. Les recherches ont montré que la perception d'équité et l'efficacité du système étaient influencées par plusieurs critères (Saint-Onge, 1994) :

- la perception du lien contribution-rétribution ;
- la confiance dans les preneurs de décision et en la direction ;
- la satisfaction à l'égard des résultats.

Le niveau global du variable

Un niveau réduit – moins de 5 % du salaire fixe – est considéré comme trop faible pour avoir des effets mobilisateurs et contribuer au sentiment d'équité. Il peut être stimulant s'il repose sur un critère simple et d'application binaire (certains salariés seulement perçoivent la prime). Il peut correspondre à une phase d'introduction et d'accoutumance au variable. Le niveau souhaitable dépend de deux paramètres : le niveau hiérarchique et l'impact de l'activité du salarié sur les résultats.

Un haut niveau de variable est perçu comme normal au haut de l'échelle salariale. D'une part, sa diminution ne met pas trop en cause le niveau de vie du responsable du fait de son niveau déjà élevé de fixe. D'autre part, la responsabilité dans les résultats est perçue comme plus forte. Il est fréquent et bien accepté que la partie variable puisse représenter seulement 5 % en bas de la grille et atteindre 100 ou 200 % du fixe à son sommet. L'enquête 2003 Altedia-*La Tribune* (*La Tribune*, 7 octobre 2003, p. 29) fait ressortir la forte part variable de la rémunération du P-DG et ou du DG. À l'objectif atteint, elle représente plus de 60 % de la rémunération totale pour 21 % des sociétés du SBF 120, de 50 à 59 % pour 21 % également. 56 % des entreprises qui se prononcent ont donc une part variable supérieure au fixe si l'objectif est atteint.

Un variable fort pour les métiers commerciaux et, plus largement, pour les métiers à forte finalité, contribuant directement et significativement aux résultats, est également perçu comme équitable, sous réserve que l'incidence de la conjoncture soit au moins partiellement corrigée (ou compensée par de fortes primes lors des périodes de vaches grasses).

Enfin, un haut niveau de variable est accepté si les moyens mis à la disposition des salariés concernés leur permettent d'atteindre et dépasser leurs objectifs.

L'insécurité

L'aspect réversible de la rémunération variable est source d'insécurité. Les salariés peuvent-ils accepter des fluctuations de leur rémunération ? Peuvent-ils supporter ce risque ?

Il y a trente ans, le rejet de l'insécurité avait conduit au déclin des salaires au rendement avec la bénédiction des pouvoirs publics. En 1976, le ministre du Travail écrivait aux organisations professionnelles et syndicales :

> « Le gouvernement engage les partenaires sociaux à rechercher un accord sur les relations devant exister entre la part fixe et la part variable de la rémunération des travailleurs au rendement, en vue notamment de plafonner branche par branche la part variable dans la rémunération totale. » L'accord-cadre du 17 mars 1975 sur l'amélioration des conditions de travail précisait comme objectifs : « Limiter l'importance des éléments de la rémunération liés au rendement ou les supprimer… éviter toute variation excessive de la rémunération. »

Dans les années quatre-vingt-dix, la réapparition du variable individuel pose à nouveau le problème de l'insécurité. Trois tendances apparaissent :

- réserver une part significative de variable aux hauts revenus, qui peuvent mieux assumer les risques en cas de réduction du variable ;
- limiter les variations avec des mécanismes de lissage et de provisionnement. Par exemple, le versement du bonus est découpé en huit primes trimestrielles et cet étalement réduit l'impact des variations ;
- favoriser l'épargne salariale – source de sécurité patrimoniale – en abondant le versement volontaire des bonus sur les PEE (plan d'épargne entreprise).

Le développement de l'épargne salariale a accompagné et facilité le développement du variable.

LES AUTRES COMPOSANTES

Parmi la grande diversité de composantes de la rétribution globale, l'analyse des éléments individualisés, d'une part, et variables, d'autre part, a permis d'en passer en revue une part importante. Les règles relatives à la détermination du salaire fixe de base lié au poste ont été étudiées plus haut (cf. chapitre 5). Dans le contexte actuel, quelques autres éléments méritent d'être analysés.

L'actionnariat salarié

Le salarié actionnaire est un actionnaire qui a acquis des actions de l'entreprise qui l'emploie, lors d'opération d'offres d'action réservées aux salariés de l'entreprise. Il possède ces actions soit directement, soit indirectement par l'intermédiaire d'un FCPE (fonds commun de placement d'entreprise) ou d'une Sicav d'actionnariat salarié.

L'actionnariat salarié est très ancien en France. Il s'est développé avec la création de la participation en 1967. Les privatisations de 1986-1987 ont marqué l'essor de l'actionnariat salarié. En 2002, le nombre de salariés actionnaires dépasse 2,3 millions en France. Plus de 50 % des entreprises cotées du SBF bénéficient d'un actionnariat salarié.

Les entreprises encouragent fortement l'acquisition d'actions par les salariés en offrant décotes et abondement. Ce régime favorable est un élément de rétribution apprécié par ceux qui y souscrivent. L'enquête 2002 auprès des salariés actionnaires montre que « bénéficier d'un placement avantageux » est la motivation la plus forte (78 %), devant la confiance dans l'avenir du titre (49 %) et l'attachement à l'entreprise (38 %) (Fas, 2003, p. 169).

La contribution que récompense cette rétribution est rarement explicitée. Cependant, quatre points sont parfois mis en avant :

- Les avantages récompensent l'appartenance. Tous les salariés – et même souvent les retraités – en bénéficient. L'appartenance est ainsi valorisée.
- Les avantages récompensent la confiance témoignée par le salarié. Même réduit, le risque pris par le salarié est un témoignage de confiance que l'entreprise reconnaît.
- Les avantages anticipent les accroissements futurs de contribution que le salarié actionnaire ne manquera pas de réaliser pour remercier l'entreprise. L'enquête Fas 2002 montre que 45 % des

salariés actionnaires se disent plus vigilants à la bonne gestion de leur service et 43 %, plus motivés dans leur travail.

- L'actionnariat a des vertus pédagogiques et il faut donc le développer. Le salarié actionnaire est plus attentif au bon fonctionnement de l'entreprise.

Comme toute mesure non sélective, les avantages favorisant l'actionnariat salarié développent davantage l'équité externe qu'interne. Les avantages attendus sont ceux de la sur-équité externe.

Les plans d'actionnariat deviennent mondiaux posant la difficulté de l'équité internationale du plan. « Un plan adapté aux particularismes locaux des pays est-il forcément équitable ? » (Fas, 2003, p. 141).

Les travaux de recherche sur les effets de l'actionnariat sont peu nombreux. Ils font ressortir largement une réduction des taux de démission et d'absentéisme (Commeiras, 2001). Le lien entre développement de l'actionnariat salarié et performance boursière a également été mis en avant.

Les avantages en nature

Un arrêté du 10 décembre 2002 a rendu moins avantageux le régime fiscal et social des avantages en nature octroyés par l'entreprise à ses collaborateurs. Souvent sélectifs et réversibles, ces éléments peu onéreux étaient fort populaires, notamment chez les cadres largement imposés. Voiture de fonction, téléphone mobile, Internet et ordinateur portable sont désormais strictement contrôlés. L'attribution de ces avantages et des autres (abonnements à des associations sportives, culturelles ou professionnelles, places à Rolland Garos et autres événements sportifs, voyages…) exige une grande attention. En effet, ces avantages ont une dimension financière et aussi symbolique. Il y a ceux qui peuvent en bénéficier largement et ceux qui se sentent réduits à la portion congrue. L'impact sur l'équité dépasse les enjeux financiers. Une remise à plat des processus d'attribution permet d'améliorer le sentiment d'équité.

La part de la masse salariale consacrée au comité d'entreprise représente un complément significatif de rémunération indirecte dans de nombreux cas. Le pourcentage est de 2,45 à Saint-Gobain, 2,52 à BNP-Paribas, 3,78 à la Seita et 5 % chez Dassault-Systèmes. Pour des raisons historiques, le budget des œuvres sociales de l'EDF représente 6 % de la masse salariale. Compte tenu des critères d'attribution, ces sommes influent essentiellement sur l'équité externe.

Le budget formation, également très disparate, influence l'équité externe. Des taux de 6 à 8 % et plus de la masse salariale constatés chez Renault, Lafarge, Axa, AGF ou les Caisses d'Épargne créent un sentiment de sur-équité externe puisque le taux moyen est d'environ 3,1 %. Cependant, la liberté d'affectation des moyens dont dispose l'entreprise a un impact sur l'équité interne sous ses différentes manifestations. Les comparaisons sont interindividuelles, intra et inter-fonctionnelles, voire générationnelles. Les différences de taux d'accès à la formation en fonction de l'âge, du niveau de qualification ou du service créent des sentiments d'iniquité.

Valoriser l'ensemble des composantes de la rétribution globale n'est pas facile. Il faut procéder à un inventaire d'éléments épars. Il faut ensuite les valoriser en euros, bruts (coût pour l'entreprise) ou nets (disponibles pour le salarié après tous les prélèvements). Cette valorisation permet de contrôler si les salariés sont équitablement rétribués. Cette valorisation permet également de communiquer.

LA RECONNAISSANCE

La rétribution a deux composantes : la rémunération sous ses différentes formes et la reconnaissance.

Définition de la reconnaissance

« La reconnaissance est la réaction constructive et personnalisée, exprimée à court terme par un individu à la suite d'une action ou d'une attitude, particulière ou globale, qui constitue un effort méritant d'être relevé. » Cette définition de Bourcier (1997, p. 67) met l'accent sur six points :

- Lettre, geste, objet, symbole, les différentes formes de reconnaissance sont accompagnées par la parole et s'intègrent dans un processus de communication.
- La reconnaissance est personnalisée tant au niveau de l'action reconnue que du moyen de le faire.
- Le message suit rapidement les faits reconnus et s'y réfère explicitement.
- La reconnaissance est exprimée par une personne : supérieur, directeur…
- La contribution reconnue peut être une action ou une attitude.
- La contribution comporte un effort, c'est-à-dire un niveau d'énergie supplémentaire, qui contribue à un résultat attendu.

Les marques de reconnaissance

Bourcier (1997, p. 102) distingue la considération-reconnaissance de la reconnaissance-récompense. La considération-reconnaissance exprime la reconnaissance de l'effort par l'écoute, l'attention, la multiplication des attitudes et des gestes déférents, le temps consacré. La reconnaissance-récompense s'accompagne de dons, de signes de distinction (diplômes, cartes, objet) et de manifestations relationnelles spécifiques.

L'inventaire des marques de reconnaissance est très large. Le choix d'une marque repose sur quatre critères : la personnalisation, la réactivité, la proximité et le faible coût. La réussite d'une politique de reconnaissance nécessite une formalisation des conditions d'exercice et une responsabilisation des managers qui les appliquent.

Ainsi, la reconnaissance s'appuie sur la considération de la personne, le travail de l'encadrement, la revitalisation de la relation et une action en profondeur de l'organisation. Par exemple, l'entreprise canadienne SNC Lavalin a instauré en 1992 un programme officiel, codifié par écrit, avec sept formes de récompenses (Saint-Onge, 1998, p. 381) :

- la reconnaissance personnelle, sous forme d'une lettre de remerciement signée par le supérieur hiérarchique (15 % des salariés chaque année) ;

- le dîner en tête-à-tête, avec une lettre de remerciement accompagnée d'un bon de 150 $ pour un repas dans un grand restaurant (10 % des salariés) ;
- la contribution spéciale, pour une contribution de premier plan, concerne 5 % des salariés, sous forme d'une lettre, d'un chèque (300 $, 400 $ ou 500 $ selon qu'il s'agit de la première, deuxième ou troisième fois) et d'un cadeau (stylo, épinglette en or…) ;
- le prix d'excellence du président remis par le président sous forme d'une lettre, d'un certificat de reconnaissance et d'un chèque de 1 500 à 5 000 $ (il concerne 1 % des salariés) ;
- le dîner des méritants s'adresse aux lauréats de la contribution spéciale et du prix d'excellence ;
- la reconnaissance de groupe comporte un dîner avec un directeur, une photo de groupe laminée et remise à chaque membre ;
- la récompense de groupe comporte, outre le dîner et la photo laminée, un chèque pouvant atteindre 500 $.

En 1996, des changements ont été apportés. La « reconnaissance personnelle » a été accompagnée d'un prix de 75 $. Les montants ont été revalorisés. Ce cas illustre la diversité des marques de reconnaissance. Il appartient à chaque catégorie de choisir ses propres modalités de reconnaissance et de les actualiser périodiquement.

ADAPTER LES RÈGLES ET LES EXPLICITER

« Une politique de rémunération est un ensemble de signes que les dirigeants émettent à l'intention de leurs collaborateurs afin de leur indiquer les priorités de l'entreprise » (Galambaud, 2002, p. 223). Pour éviter une mauvaise interprétation des signes, la communication des règles est indispensable.

Communiquer

Les DRH et les dirigeants doivent être sensibilisés à l'importance essentielle de la communication sur les valeurs et les pratiques dans les domaines des RH et des rémunérations. Les perceptions contribuent substantiellement au sentiment d'équité. Ces perceptions concernent aussi bien le niveau du « combien » (justice distributive) que du « comment » (justice procédurale). De nombreux travaux ont montré l'influence des perceptions relatives au « comment » sur celles relatives au « combien ». La communication doit asseoir la légitimité des règles.

Un salarié qui reçoit très souvent des informations collectives et personnalisées se déclare plus souvent satisfait que celui qui est peu informé. Les travaux de Gwénaëlle Poilbot-Rocaboy sur le hors-salaire et la protection sociale complémentaire ont fait ressortir l'influence de l'information sur la satisfaction (1995, p. 35).

Les enquêtes réalisées auprès des salariés montrent une réelle insatisfaction quant à la communication des règles. Les meilleurs résultats sont obtenus par les entreprises qui ont su adapter la communication aux différents publics. L'utilisation de l'humour, à travers notamment des dessins humoristiques explicitant les règles, favorise l'assimilation.

Formaliser l'engagement des deux parties (l'entreprise et le salarié) dans une charte renforce, par la cosignature, la transparence de l'échange (Perez, 2003).

Adapter les règles

Les règles en usage à un instant donné ont une inertie. Elles résultent de l'histoire des entreprises, des modes managériales, du poids des consultants spécialisés, de la négociation collective. Elles sont le résultat de compromis et de marchandages passés et actuels. Elles se révèlent souvent inadaptées aux nécessités du moment. Leur modification est délicate.

Le remplacement du « coutumier » à France Telecom illustre la difficulté du changement. En 1999, les indemnités qui composent le coutumier ont perdu leur justification historique mais ont conservé une valeur symbolique forte. Elles ne correspondent plus à des travaux ou déplacements réellement effectués. Le coutumier crée de vraies distorsions entre les salariés qui en bénéficient et les autres. Il constitue une entrave aux mobilités. « Le coutumier soulève la question du changement. La DRH a apporté une réponse aussi juste que possible pour les salariés qui bénéficient du coutumier et pour ceux qui n'en bénéficient pas » (Schiettecatte, 1999, p. 6). Réflexion stratégique, analyse de l'existant – 5 500 cas individuels étudiés – et allers-retours sur le terrain, plusieurs années de maturation ont été nécessaires pour « à la fois tendre à l'équité entre salariés, tenir compte des situations individuelles et permettre une politique salariale future cohérente ». Le scénario retenu – « juste et cohérent » (p. 5) – rend chaque bénéficiaire du coutumier acteur de son choix parmi trois formules offertes. « Nos mots d'ordre : équité et transparence » (p. 8). Le travail de communication globale et individualisée a été considérable pour concilier équité procédurale et individuelle.

Les règles formelles peuvent se heurter aux normes propres à un ou plusieurs groupes de travail dans l'entreprise. « Toute politique de GRH qui les ignorerait ou irait à leur encontre serait, contrairement à ses objectifs, économiquement inefficace » (Turquet, 1996). Tout collectif a une mémoire qui assure la pérennité de normes passées. Tout collectif subit des influences externes qui sécrètent de nouvelles normes ou modifient l'acceptabilité des règles en vigueur.

De trop fréquents changements de règles nuisent à leur crédibilité. Chaque changement soulève des inquiétudes. Lorsque le changement est l'adoption d'un avantage nouveau, il est généralement bien accepté. Ainsi, un élément variable qui s'ajoute au fixe apparaît équitable. Une méfiance apparaît lorsqu'une nouvelle règle se substitue à l'ancienne, lorsqu'une partie variable remplace un élément fixe ou qu'un nouveau mode de détermination du variable est proposé. Pour les commerciaux, par exemple, le variable proportionnel au chiffre d'affaires peut être perçu comme dangereux pour la rentabilité et être remplacé par un calcul plus complexe. Lorsque l'entreprise H, confrontée à la baisse de ses marges, décide d'abandonner le variable sur chiffre d'affaires et de le remplacer par deux bonus : un bonus vente – indexé sur des objectifs composites de chiffre, de marge et de réduction des stocks – et un bonus spot lié à des objectifs ponctuels – écoulement de fin de gamme, développement de nouvelle gamme, transfert de clientèle, reprise de secteurs –, elle doit relever quatre défis :

- convaincre de la nécessité du changement en s'appuyant sur les données économiques et financières, sur les pratiques des concurrents, sur les résultats escomptés et leurs impacts sur la survie de l'entreprise ;
- démontrer que le vendeur qui prend en compte les enjeux pour l'entreprise que reflètent les nouvelles modalités verra sa rétribution progresser ;
- formuler pour chaque vendeur des objectifs quantifiés sur les différents paramètres alignés sur les choix stratégiques globaux afin qu'il comprenne le lien entre ses actions et sa rémunération ;
- disposer d'un système d'information performant qui fournisse en temps réel à chaque vendeur les données fiables lui permettant de piloter son activité, de s'auto-évaluer et de traduire sa performance en bonus.

Dans cet exemple, la réussite dépend non seulement de la pertinence du nouveau système mais surtout de la capacité des responsables à communiquer, à rendre lisibles et intelligibles les nouvelles règles, de manière à ce que chaque vendeur s'approprie le système. La qualité du système d'information mis en place est une condition de succès.

La dérive bureaucratique

La définition de règles et de procédures peut s'accompagner d'une communication formalisée et impersonnelle caractérisant l'organisation qui se bureaucratise. Certes, l'organisation bureaucratique permet une équité forte qui remplace l'arbitraire et le népotisme et offre à chacun le même traitement. Différentes études montrent que les salariés apprécient la valeur prédictive des règles formalisées strictement appliquées sans marges d'appréciation. Ainsi, l'avancement à l'ancienneté est perçu comme plus équitable, dans les organisations qui le pratiquent depuis longtemps, que celui au choix. En effet, les salariés doutent de la capacité de l'organisation à prendre des décisions justes reposant sur des critères mal maîtrisés (potentiel, compétences, résultats…). La formalisation des règles présente un risque de dérive bureaucratique, bien accueillie par les salariés qui se sentent protégés. Cette dérive vers une GRH standardisée et dépersonnalisée contredit l'évolution vers une gestion des personnes, respectant le caractère unique de chacun. L'équité doit être poursuivie au moyen de mesures individuelles dans le plus grand respect des différences.

Chapitre 8

Garantir l'équité des décisions

La rétribution est le résultat de l'application d'un ensemble de règles. Dans la pratique, une règle s'interprète plus qu'elle ne s'applique. Il existe peu de règles dans l'entreprise qui s'appliquent sans ambiguïté. Le décideur peut se sentir contraint d'interpréter compte tenu du contexte ou du moment. De nombreux audits confirment ce jeu avec les règles.

Ainsi, l'entreprise I a adopté une politique d'individualisation du salaire fixe des cadres sous forme d'un « forfait annuel » révisé chaque année au 1er janvier. Le principe d'individualisation a été renforcé par l'interdiction des augmentations moyennes. L'obligation de discriminer se traduit aussi par une loi de distribution des augmentations à respecter. L'entreprise cherche à reconnaître, motiver et fidéliser ses cadres les plus talentueux. Le responsable d'un service comportant de nombreux jeunes cadres à fort potentiel dont peu se détachent vers le haut ou vers le bas a des difficultés à discriminer et communiquer sur ses choix aux moins bien traités. Il choisira de moyenner non sur l'année – la règle l'interdit – mais dans le temps, en pratiquant la « tournante » (dite aussi règle du « tourniquet »). Cette interprétation suscitera chaque année des sentiments d'iniquité.

Dans cette même entreprise I, l'individualisation du forfait annuel présente d'autres conséquences indésirables. Un cadre progresse d'autant plus vite qu'il est dans un secteur peu attractif où il rencontre peu de concurrents de bon niveau. Il cherchera à éviter les mobilités vers des secteurs plus dynamiques. Le système pénalise la mobilité et la constitution d'équipes de haut niveau dans les secteurs stratégiquement sensibles. De plus, les parcours atypiques avec des passages dans des secteurs très différents sont désavantagés – contrairement au discours officiel – par rapport aux parcours classiques. Assouplir les règles là où le contexte le justifie est nécessaire mais crée des risques d'iniquité.

L'interprétation des règles contribue à façonner un savoir collectif et à imposer une jurisprudence. « Chez nous, il y a uniquement des augmentations individuelles mais l'usage est de donner à tous une AI au moins égale à l'inflation. Si je ne l'accorde pas, le salarié a le sentiment d'être sanctionné » et « Chez nous, chaque salarié peut choisir une formation du catalogue chaque année. Lui refuser sera interprété comme une brimade » : ces deux citations illustrent les risques de dérive. Pour garantir l'équité des décisions, la formation des managers et la communication sur l'ensemble du processus sont nécessaires. L'audit des procédures renforce la recherche de l'équité.

FORMER LES MANAGERS

Le comportement des managers a une incidence considérable sur les perceptions d'équité des salariés. La formation des managers à la maîtrise de l'équité est essentielle. Dès lors qu'une partie des décisions est déléguée aux managers, il faut qu'ils soient formés au respect des processus mis en place et au respect des collaborateurs à chaque étape.

Le contenu

La formation pour améliorer le management de l'équité porte en particulier sur six domaines :

- une connaissance des enjeux de l'équité et des principes de la justice processuelle ;
- les politiques et pratiques RH de l'entreprise et leurs implications sur l'équité ;
- la maîtrise des techniques et outils d'évaluation en vigueur dans l'entreprise ;

- les principales difficultés quotidiennes à résoudre et les solutions possibles ;
- la communication des règles, des évaluations et des décisions à ses équipes ;
- l'accompagnement et la mobilisation de leurs collaborateurs.

Cette formation n'est possible que si l'entreprise a formalisé ses objectifs, ses politiques et ses pratiques.

Objectifs et modalités

La formation au management de l'équité poursuit, en particulier, quatre objectifs :

- faire partager aux managers l'exigence d'équité de l'entreprise et sa conception de la justice processuelle ;
- permettre aux managers de s'approprier et maîtriser l'ensemble des clés de l'équité ;
- renforcer la crédibilité des managers ;
- garantir des décisions cohérentes et équitables.

Pour atteindre ces objectifs par le développement continu des managers, l'entreprise associe plusieurs outils : les séminaires de formation, les LSRH-managers et l'e-learning, l'accompagnement individuel.

Les séminaires de formation

Toutes les formations sur les approches du leadership et sur les compétences individuelles, les sessions de développement individuel peuvent contribuer à renforcer l'équité managériale. Des séminaires spécifiques sont particulièrement utiles dans trois cas :

- la formation des nouveaux managers qui assumeront pour la première fois la responsabilité de décisions managériales dans l'entreprise ;
- la mise en œuvre de nouveaux outils après une refonte des processus existants (nouvelle grille d'appréciation, introduction de 360 °) ;

■ la révision d'une politique RH ou la définition de nouvelles règles (nouvelles modalités de rémunération, de mobilité, de promotion).

Les LSRH-managers et l'e-learning

Les libres-services ressources humaines (LSRH) dédiés aux managers – en ligne ou en centre d'appel – permettent d'apporter les éléments d'information et les conseils pour réfléchir et décider.

L'e-learning met à la disposition des managers des modules courts (granules) leur permettant d'affiner leurs aptitudes managériales et d'améliorer l'équité des décisions. Les granulothèques comportent notamment des modules sur les dispositifs d'évaluation, d'une part, et l'entraînement à la prise de décisions individualisées, d'autre part. L'e-learning favorise l'auto-formation.

Intranet et modules d'e-learning permettent de rappeler et actualiser les politiques, pratiques et règles de l'organisation. Certaines entreprises offrent à leurs managers une analyse de leurs décisions (dispersion…) permettant d'améliorer leur conformité avec les politiques affichées.

L'accompagnement individuel

Les parrains, mentors ou tuteurs internes, et les éventuels coaches externes accompagnent les managers dans leur apprentissage de comportements équitables. Les retours sur les évaluations du manager (par 360°, évaluation par les pairs, assessment centers ou à travers l'EAA) sont des moments privilégiés pour progresser vers des comportements plus équitables.

Les assessment centers – bilans comportementaux – utilisés pour conforter les premières étapes de détection des potentiels intègrent fréquemment des simulations mesurant le « sens de l'équité ».

COMMUNIQUER

La justice processuelle repose sur une réelle transparence. La communication est donc le garant de l'équité. Ainsi, l'accord-cadre sur l'emploi signé chez France Telecom le 5 juin 2003 précise : « La mise à disposition pour tous les collaborateurs de prestations et services de référence garantit l'équité. » L'accord prévoit la création d'un espace mobilité assurant la transparence du dispositif. Cette communication porte sur la politique et les pratiques de l'entreprise, les évaluations et décisions personnalisées et la rémunération globale de chacun. Cet exemple illustre le lien entre équité et communication. L'équité nécessite le libre accès aux informations et confidentialité. Par exemple, la charte de la mobilité interne du groupe PPR garantit l'anonymat à tout salarié qui manifeste son désir de changer d'entreprise au sein du groupe sans en informer sa hiérarchie. Moovenet, l'intranet emplois, ne permet donc pas la traçabilité des informations consultées ou communiquées par les participants. Le maintien d'un support papier, consultable à domicile, garantit le principe de confidentialité. Il assure également l'égalité d'accès au dispositif pour ceux qui ne peuvent consulter l'intranet sur leur lieu de travail.

Le texte de la déclaration des droits et devoirs de l'entreprise du salarié souligne l'importance de la communication sur l'ensemble des principes (cf. figure 4).

Politiques et pratiques de l'entreprise

Dès le recrutement ou l'accueil, le salarié est informé des politiques et pratiques RH de l'entreprise, notamment en matière de rémunération. Aujourd'hui, l'intranet RH contient généralement de nombreuses informations actualisées et permet un rappel des principes, pratiques et mesures. Une charte RH, sur le modèle de la déclaration présentée, peut préciser les principes sur lesquels sont construites les pratiques. La charte situe les règles dans un engagement mutuel. La logique de réciprocité peut être affirmée. Elle répond à une exigence croissante des salariés.

Leur application individuelle

Chaque salarié doit comprendre le pourquoi et le comment de chacune des décisions qui ont des effets sur des éléments de sa rétribution.

La Déclaration des droits et devoirs de l'entreprise et du salarié

ARTICLE PREMIER :

Toute personne quels que soient son âge, son sexe, sa situation de famille, ses origines, son métier, son statut, est potentiellement porteuse d'une contribution utile à l'entreprise.

II

Concilier l'économique, le social et l'humain

L'objectif de l'entreprise est de devenir un lieu de production de richesses, de biens ou de services cohérent avec la société dans laquelle elle vit. Elle doit obtenir la contribution économique de chacun tout en favorisant son épanouissement professionnel et personnel.

III

Sceller un engagement mutuel

L'entreprise ne peut pas garantir à ses salariés la sécurité de l'emploi en échange de leur adhésion pleine et entière. La relation qui lie le salarié et son employeur engage fermement les deux parties sur un objectif commun à un moment donné.

Les deux parties ont le devoir de définir le cadre dans lequel la contribution du collaborateur peut être optimale ainsi que les règles qui garantissent la loyauté réciproque.

Le salarié a le droit et le devoir de construire son parcours professionnel, éventuellement dans plusieurs métiers et dans plusieurs entreprises.

Il a le droit de demander la modulation de son activité professionnelle en fonction de ses choix de vie et l'entreprise doit chercher à lui faciliter cette modulation.

L'entreprise et le salarié on tous les deux le devoir d'anticiper et d'agir contre les situations qui les bloqueraient l'un et l'autre dans leur devenir.

IV

Parler le même langage

La notion de compétence donne à l'entreprise et au salarié un langage commun. L'entreprise a le devoir d'inciter le salarié à appréhender son identité professionnelle en termes de compétences. Elle a le droit d'attendre de son salarié qu'il se l'approprie pour évoluer et gérer sa progression.

V

Apprécier pour évoluer

L'entreprise a le droit d'apprécier les expériences, le degré de mobilité, les performances et les motivations du salarié dans un souci de dialogue, de sincérité et de progrès.

Elle a le droit et le devoir d'évaluer régulièrement ses compétences, son potentiel et ses comportements, ainsi que l'adéquation entre ses compétences et les fonctions qu'il occupe.

Elle a le droit et le devoir d'utiliser pleinement les compétences de ses salariés lorsque celles-ci peuvent concourir à son projet et à l'exercice de son métier.

Elle a le devoir de donner au salarié les moyens d'apprécier et de mesurer sa contribution.

Le salarié a le droit se s'informer sur les résultats de cette évaluation, les moyens utilisés et les éléments dont l'entreprise dispose pour identifier ses caractéristiques professionnelles.

VI

Valoriser le capital-compétence

L'entreprise n'est pas propriétaire des compétences de ses salariés.

Le salarié doit mettre ses talents et ses compétences au service de l'entreprise.

Il a le devoir de connaître les compétences qu'il détient.

L'entreprise doit tenir le salarié informé lorsque ses compétences risquent de devenir obsolètes.

Celui-ci a le droit et le devoir de les actualiser et de les développer.

Il a le droit et le devoir de s'ouvrir à l'extérieur et de chercher d'autres terrains d'enrichissement.

VII

Élargir les champs d'action

Celui qui entre dans l'entreprise doit être assuré de conserver sa valeur sur le marché du travail. L'entreprise peut être un réel terrain d'apprentissage, à condition que chacun propose et accepte les opportunités qu'elle offre.

Elle a le droit de demander au salarié de faire évoluer ses acquis professionnels. Elle a le devoir de lui en fournir les moyens.

•••

La maîtrise de plusieurs métiers est un facteur d'employabilité. L'entreprise doit favoriser la polycompétence de son collaborateur et la reconnaître.

VIII
Élargir la vision

L'ouverture sur le futur et l'ouverture sur l'extérieur sont nécessaires pour gérer sa trajectoire de manière responsable.

Le salarié a le droit d'être informé de ce qui peut avoir des incidences sur la pratique de son métier et ses choix professionnels.

L'entreprise a le devoir de l'informer des développements et des enjeux auxquels elle veut faire face.

L'entreprise a le devoir de rendre disponible cette information et de créer pour cela les outils et les supports de diffusion.

Le salarié doit accepter que l'évolution de ses responsabilités soit fonction de l'évolution des ses compétences, de ses comportements et de ses motivations.

IX
Vivre flexible

L'entreprise et le salarié doivent, ensemble, intégrer la flexibilité comme composante du travail et, donc, de l'évolution professionnelle. Cette flexibilité concerne le lieu et le temps de travail, le contenu du poste et les modes de travail, qu'il s'agisse de s'organiser autour d'un projet, par objectif, seul ou en équipe.

La flexibilité peut également se traduire par l'arrêt de la collaboration entre l'entreprise et le salarié.

X
Avancer de concert

L'entreprise doit rendre visibles ses besoins pour anticiper l'évolution des compétences qui lui seront nécessaires à terme.

Elle a le droit et le devoir d'organiser les moyens d'une réflexion et d'un dialogue pour optimiser la cohérence entre les attentes du salarié et les siennes, et pouvoir anticiper.

Elle doit dessiner les passerelles existant entre ses différents métiers et ceux accessibles à l'extérieur.

XI
Échanger les pratiques

La richesse de l'entreprise est composée de l'ensemble des compétences de ses salariés, il est important qu'elle favorise entre eux les échanges de savoir-faire. Ainsi le salarié doit partager savoir et compétences.

Il doit veiller et être encouragé à remplir une mission de formation auprès des membres de sa propre équipe.

Le salarié qui cesse son activité a le devoir de prévoir et d'organiser le transfert de ses compétences si l'entreprise le requiert.

XII
Continuer à apprendre

L'entreprise doit reconnaître et faire reconnaître les efforts que met en œuvre le salarié pour acquérir, enrichir et actualiser ses compétences.

Pour contribuer à leur adaptabilité future, elle doit maintenir, chez tous les salariés la capacité d'apprentissage, le goût de se former et l'aptitude à conduire leur trajectoire. Cette responsabilité est encore plus importante vis-à-vis des jeunes salariés qui auront à tracer leur trajectoire, demain.

Source : ASCOREP, *Manifeste pour le lien social,*
Éditions Liaisons, 1998.

Figure 4. La déclaration des droits et devoirs de l'entreprise et du salarié

Chaque manager doit donc commenter ses évaluations et ses décisions pour ses collaborateurs en se référant aux règles de l'entreprise. Il est regrettable qu'aujourd'hui encore des salariés apprennent sur leur fiche de paie leur augmentation (ou leur non-augmentation).

Le bilan social individuel

L'information sur toutes les composantes de la rétribution globale d'un salarié peut prendre la forme d'un bilan social individuel.

Ce document permet à l'entreprise d'informer une fois l'an chaque salarié sur l'ensemble des composantes de sa rémunération ainsi que les pratiques de valorisation et de développement des compétences le concernant. « C'est un moyen pour l'entreprise de promouvoir une politique salariale globale en montrant que le salaire ne constitue pas l'unique contrepartie à l'effort fourni et en évaluant les retombées pour chaque salarié » (Henriet, 1997).

Ainsi, Ikea fait parvenir chaque année à chaque salarié un « avoir social » indiquant salaires, primes, cotisations et prestations, intéressement et participation, retraite et prévoyance.

AUDITER LES DÉCISIONS

Les audits d'équité révèlent que les pratiques réelles sont parfois différentes du dispositif officiel. « Les pratiques réelles expriment – y compris et surtout dans leurs décalages avec la norme édictée – la façon dont les acteurs s'approprient les politiques et les dispositifs en fonction de leurs contraintes, de leurs stratégies propres et de leur degré de connaissance des politiques souhaitées » (Cadin, 1999). Les acteurs adaptent, transforment, détournent les règles et les outils. L'interprétation des règles révélée par les audits peut répondre au souci de prendre en compte l'approche de l'équité des salariés concernés pour éviter de les heurter de front. L'auditeur peut conclure au caractère inapproprié des règles. Il peut recommander de les modifier. Cependant, dans la plupart des cas, il proposera des actions pour modifier les comportements des décideurs afin de les aligner sur ceux attendus. L'audit contribue au respect des règles.

Partie III

Réussir le management de l'équité

L es clés de l'équité se trouvent dans un haut niveau de justice processuelle. La mise en œuvre des principes présentés dans la partie précédente permet de développer la confiance des salariés dans l'équité des pratiques et de créer un capital équité. L'organisation qui choisit l'équité comme valeur et met en place les outils de management de l'équité doit prendre en compte la diversité des attentes. En effet, la population d'une entreprise est de moins en moins homogène, et cette hétérogénéité risque de favoriser des situations non équitables ou perçues comme telles (chapitre 9). L'organisation doit définir le rôle des différents acteurs et, en particulier, choisir les architectes de l'équité (chapitre 10).

Le chapitre 9 aborde la diversité des attentes et des perceptions de ce qui est juste : l'influence des caractéristiques individuelles sur les perceptions et les défis que la diversité impose à l'équité, les conséquences de l'internationalisation. Garantir à chaque salarié un traitement et des perspectives équitables est nécessaire et difficile.

Le chapitre 10 présente les architectes de l'équité, ceux qui construisent les systèmes et les font vivre.

CHAPITRE 9

Prendre en compte la diversité des attentes

Créer un fort sentiment d'équité dans l'entreprise nécessite des processus perçus et vécus comme équitables par l'ensemble des salariés. Or la diversité croissante de la population qui travaille pour l'entreprise se reflète dans la diversité des attentes à prendre en compte. L'internationalisation de l'économie et des entreprises pose également de délicats problèmes d'équité. Faire partager à chacun la conviction que l'équité est une valeur forte pour l'entreprise et que tous les efforts tendent vers une entreprise plus équitable demande une vigilance forte dans quelques domaines sensibles des RH.

ÉQUITÉ ET DIVERSITÉ

La perception de ce qui est juste n'est pas universelle. Les recherches montrent que les caractéristiques individuelles ont une influence sur les attentes. Ainsi, le 30e baromètre Epsy, début 2003, fait ressortir l'impact de certaines caractéristiques sur l'importance attachée aux éléments de motivation. Les femmes privilégient l'ambiance et l'esprit d'équipe (55 % contre 40 % pour les hommes). Autonomie et responsabilité sont privilégiées par les cadres (45 % contre 36 % globalement). Les seniors mettent l'accent sur la confiance accordée (42 % pour les plus de 35 ans, 34 % pour les moins de 35 ans) et sur la reconnaissance du travail (45 % au-delà de 45 ans et 28 % pour les moins de 25 ans) (*Entreprise & Carrières*, n° 652, 14 janvier 2003, p. 6).

D'autre part, il peut exister dans l'entreprise des discriminations, volontaires ou non, du fait de ces différences, et elles favorisent des sentiments de non-équité. Dans le *Poids des apparences,* Jean-François Amadieu a démontré l'importance de ces discriminations (2002). Parmi ces caractéristiques, l'âge, la qualification, le statut, l'ancienneté et le sexe sont généralement identifiés comme devant être pris en compte sans exclure d'autres aspects (formation, fonction, parcours...).

L'influence de l'âge

Les attentes sont hétérogènes dans cette « mosaïque des générations » (Excousseau, 2003) que présente l'entreprise d'aujourd'hui. Les attentes et les comportements de la génération des 18-25 ans déconcertent les entreprises, qu'ils s'agissent de jeunes sans qualification ou de diplômés. Elles s'interrogent sur l'adaptation nécessaire des règles tout en maintenant l'équité inter-générationnelle avec les autres classes d'âge qui ont connu des contextes et des parcours différents et se sont forgés des normes d'équité spécifiques. Les actions à mener auprès de chaque classe d'âge soulèvent des conflits d'équité.

Intégrer des jeunes peu qualifiés

Confrontées à des pénuries de main-d'œuvre, les entreprises intègrent des jeunes peu qualifiés et aussi difficiles sur le plan comportemental – les « sauvageons » –, instables, portés à l'individualisme, difficilement contrôlables et réticents à accepter les règles. Elles constatent parfois des comportements contre-productifs : retards, absences injustifiées, incivilités, violence. *Pourquoi j'irais travailler ?* Le titre de ce récent ouvrage (Albert et al., 2003) traduit les aspirations de ces jeunes. Un nouveau salarié est en train de naître qui veut que le travail l'amuse et l'enrichisse et qui quitte son travail si celui-ci ne correspond pas à ses attentes. Convaincre certains jeunes de l'utilité des règles et de leur impact sur la justice de l'organisation est un pari difficile. Ainsi, Manpower a lancé un programme de formation pour sensibiliser les jeunes intérimaires au monde de l'entreprise. Ce programme est destiné aux jeunes éprouvant des difficultés d'adaptation aux contraintes de la vie en entreprise : respect des règles internes, relations aux autres (*Entreprise & Carrières*, n° 655, 4 février 2003, p. 27). La création en 2003 par Entreprise et Progrès des trophées de l'insertion durable de jeunes en entreprise, pour récompenser les actions en faveur des jeunes en difficulté, peu qualifiés, illustre la prise de conscience de l'ampleur du problème.

Attirer et fidéliser les jeunes diplômés

« Une génération qui veut tout et tout de suite : un job intéressant, des évolutions rapides de carrière, des formations. Et beaucoup de temps libre ! » C'est ainsi que *Liaisons Sociales Magazine* débute une enquête sur « Ces jeunes qui bousculent l'entreprise » (n° 42, mai 2003, 14-25). La différence entre les jeunes arrivants et les cadres qui se sont coulés dans le moule des règles de l'entreprise pose problème. Le déclassement à l'embauche pratiqué lorsque l'emploi est rare accentue les risques d'antagonisme. Or, selon l'enquête Génération 98 du Cereq, le taux de déclassement atteint 52 %. Le parrainage favorise l'intégration en permettant de transmettre et partager les normes d'équité.

Renforcer le lien avec les trentenaires

Les trentenaires ont débuté avec de mauvaises cartes. Ils sont arrivés nombreux (la vague des enfants des baby-boomers nés entre 1968 et 1973, avant que le choc pétrolier réduise la natalité brutalement) en pleine crise, lorsque les entreprises avaient gelé les recrutements, entre 1991 et 1995. La Génération Galère (*Le Point*, 5 septembre 2003, p. 57) a été échaudée par son premier contact avec le marché du travail. Génération diplômée (70 % ont le bac), elle entre tard sur le marché du travail, connaît les petits boulots, stages et CDD, et décroche son premier emploi stable à 27 ans avec la reprise.

Pour les trentenaires, la sécurité de l'emploi n'est plus un élément crédible et donc déterminant de la rétribution. La loyauté et la fidélité ne sont pas essentielles. La démission est un acte normal. L'allergie au modèle « frime et fric » des années quatre-vingt est forte. Le trentenaire entend être heureux dans son travail. L'idée d'un plan de carrière est incongrue. Le modèle start-up représente leur idée de l'entreprise idéale. Beaucoup y ont succombé en 1999-2000, malgré l'aléa de la rétribution. L'entreprise soucieuse de recréer un lien avec les « trentenaires-mercenaires » doit intégrer leur vision de la contribution et de la rétribution.

Ne pas sacrifier les quadragénaires

Deuxième vague de baby-boomers nés nombreux entre 1954 et 1964, les quadragénaires n'ont pas connu les facilités des Trente Glorieuses. Leurs débuts difficiles dans un contexte de crise ne leur ont pas offert autant d'opportunités qu'aux plus anciens. Aujourd'hui, leurs perspectives sont amoindries par le poids des premiers baby-boomers désormais quinquagénaires dans les niveaux élevés de l'organigramme. Ils craignent d'être sacrifiés lors des relèves au profit des trentenaires.

Éviter le sentiment de fin de vie professionnelle des seniors

Les quinquagénaires sont et seront proportionnellement de plus en plus nombreux dans les entreprises. En 2000, ils représentent 18,4 % des salariés et 25 % dans les établissements de plus de 1 000 salariés (*Insee premières*, n° 910, juillet 2003). Ils sont très souvent confrontés au sentiment précoce de fin de vie professionnelle – SPFVP – identifié par Éléonore Marbot (2001). Le désengagement du senior vis-à-vis de l'entreprise et le rééquilibrage de ses objectifs vers une dimension extra-professionnelle se traduit par sa démobilisation. Le SPFVP trouve sa source dans la perception de pratiques inéquitables de l'entreprise.

Les seniors observent un plafonnement dans le contenu de leur poste. Les missions qui leur sont confiées ne s'enrichissent plus. Les nouveaux défis à relever, les formations, les nouvelles missions et les nouveaux équipements sont réservés aux plus jeunes. Ils ressentent aussi un injuste plafonnement structurel. Leurs responsabilités ne progressent plus. Les mesures de promotion sont réservées aux plus jeunes.

La démobilisation des seniors résulte de sentiments de sous-équité interne et, plus aigu, de sous-équité avec soi. Trois déterminants fréquents de la sous-équité interne sont les augmentations individuelles, les mobilités internes et les formations légitimantes souvent réservées aux plus jeunes.

« Peut-on encore être considéré comme haut potentiel à 45 ans ? » s'inquiètent des quadragénaires observant les pratiques de leur entreprise. L'âge influe parfois sur l'évaluation. Ainsi, l'Inspection du travail avait constaté chez IBM que les mal notés (PBC 3 et 4) représentaient 18 % des salariés de moins de 50 ans et 28,5 % des plus de 50 ans et même 31,5 %, pour les plus de 55 ans (*Entreprise & Carrières*, n° 662, 25 mai 2003, p. 31).

Assurer l'équité générationnelle

Pour créer l'équité générationnelle, l'entreprise doit éviter toute discrimination liée à l'âge. Pour y parvenir et communiquer, l'entreprise détermine des indicateurs d'équité générationnelle permettant de vérifier que les règles sont les mêmes pour tous : taux d'accès à la formation, taux de promotion, taux de mobilité interne, taux d'augmentations individuelles, par exemple. L'entreprise doit modifier les comportements habituels en définissant de nouvelles règles. Dans l'industrie, les ouvriers de la chaîne qui approchaient, usés, de l'âge de la retraite étaient affectés à des postes moins exigeants, à moindre valeur ajoutée, moins reconnus et dévalorisés. Ainsi, l'accord du 29 novembre 2001 du groupe Thales relatif à la valorisation de l'expérience et la gestion des fins de carrière précise : « Afin de permettre aux plus de 50 ans de bénéficier d'opportunités de mobilité, toute mention relative à l'âge sera supprimée dans les descriptions de postes à pourvoir ainsi que dans les people review » (article 1-3-1). Alors que le retournement démographique donne la main aux jeunes, assurer l'équité avec les anciens est essentiel.

L'influence du sexe

Peu de travaux portent sur les différences de perceptions en fonction du sexe. En revanche, le thème de l'équité en fonction du sexe fait l'objet de nombreux débats, publications, normes et réglementations. Ainsi, au Québec, l'équité salariale a fait l'objet en 1996 d'une loi pour « corriger les écarts salariaux dus à la discrimination systématique fondée sur le sexe ». Tout employeur de plus de 50 salariés doit établir un « programme d'équité salariale ». Un « comité d'équité salariale » est obligatoire dès 100 salariés pour associer les salariés à l'établissement du programme.

En Europe, l'ensemble des acteurs politiques, économiques et sociaux sont également mobilisés sur l'absence de discriminations négatives du fait du sexe. Lorsque la direction des affaires sociales de la Commission européenne choisit en 2003 de distinguer trois entreprises championnes parmi les « 100 meilleurs employeurs », elle en retient une pour sa politique d'égalité hommes-femmes. Plusieurs programmes d'action communautaires ciblent l'égalité entre les sexes au travail.

En France, les lois de 1972 et 1983 ont imposé le principe de l'égalité : « Tout employeur est tenu d'assurer pour un même travail ou pour un travail de valeur égale l'égalité des rémunérations entre les hommes et les femmes. » Les lois de 1989, mai et décembre 2001 ont renforcé les obligations de négocier sur ce thème. 155 accords de branche ont été négociés entre 1990 et 2002. « Les différentes dimensions de l'égalité professionnelle sont traitées de façon globale dans de nombreuses conventions collectives », observe une étude du ministère des Affaires sociales.

La jurisprudence évolue et renforce l'exigence d'égalité de traitement. Considérant que sur 20 techniciens recrutés en 1985 dans un établissement, les 16 hommes ont été quasiment tous promus cadres et non les 4 femmes, la cour d'appel de Montpellier, le 25 mars 2003, a ordonné d'accorder le statut cadre à la plaignante.

La discrimination positive – c'est-à-dire prendre en considération le sexe pour favoriser une femme afin de corriger des différences existantes – est tentante. Elle peut prendre la forme de quotas, imposant une égalité formelle. Elle crée des sentiments d'iniquité, le critère retenu étant différent de celui ou ceux des règles affichées.

Les actions menées pour réduire les freins à la carrière des femmes se développent sans présenter les mêmes risques. En 2002, l'Esa (Agence spatiale européenne) a créé le poste de « responsable diversité et égalité hommes-femmes » avec trois objectifs : améliorer la prise de conscience des managers, augmenter la représentation féminine et permettre l'équilibre vie familiale-vie professionnelle. La crèche d'entreprise et les mesures pour faciliter le quotidien des mères deviennent un outil au service de l'égalité. Les entreprises étudient les actions pour modifier les règles du jeu dans un sens plus favorable aux femmes. Par exemple, modifier l'âge auquel on repère les hauts potentiels : 30-35 ans correspond à l'âge des maternités et peut défavoriser les femmes. La nécessité d'une expérience d'expatriation peut être un critère sexué.

L'influence de la qualification

Les attentes des salariés évoluent en fonction du niveau de qualification. Le sentiment d'équité est influencé par quatre attentes :

- avoir un emploi qui correspond à sa qualification ;
- voir reconnu son niveau perçu de qualification ;
- avoir une rétribution conforme à son niveau de qualification ;
- conserver son niveau dans la structure des qualifications et progresser.

Les enquêtes d'opinion interne font ressortir des différences de perception de ce qui est juste selon le niveau de qualification.

L'influence de l'ancienneté

« L'entreprise doit prendre en compte l'ancienneté », estiment ceux qui ont fait preuve de fidélité. Pour eux, leur ancienneté justifie un traitement de faveur, et les efforts pour fidéliser les nouveaux créent un sentiment d'inéquité. De nombreuses enquêtes montrent une attente de prise en compte de l'ancienneté dans la détermination de la rétribution.

Équité et statut

Deux dimensions du statut peuvent être prises en compte : l'aspect juridique et l'aspect socio-économique.

Précaires et permanents

De nombreuses enquêtes ont fait ressortir l'influence de la précarité sur le sentiment d'équité. Le travailleur précaire se perçoit fréquemment comme jetable, dévalorisé. L'absence de lien permanent le conduit à sous-évaluer sa rétribution et à ressentir une sous-équité par rapport aux CDI. D'autres enquêtes montrent que, pour certains travailleurs précaires, il existe une rétribution différée aléatoire : la transformation en CDI. Une contribution élevée permettra d'obtenir un contrat permanent. Lorsque les transformations sont fréquentes, notamment lorsque le CDD est utilisé comme une période d'essai, les efforts sont élevés pour avoir une bonne rétribution.

Manville s'est efforcé d'évaluer l'impact du statut d'emploi atypique sur les perceptions de justice (2003, p. 72). Ce statut modifie la nature du contrat psychologique et apparaît peu propice à la perception de l'équité. Pour y remédier, certaines entreprises adoptent une charte en faveur des intérimaires. PSA a pris avec sept entreprises de travail temporaires (ETT) un ensemble d'engagements. Ainsi, PSA ne fera appel qu'à des ETT procurant une couverture maladie complémentaire, un régime de prévoyance, un dispositif de participation et d'intéressement. Le souci d'équité avec les salariés permanents est évident (accord du 12 septembre 2003).

Emplois externalisés et extériorisés

La coexistence sur le même site de salariés travaillant pour la même entreprise tout en étant, pour certains, ses salariés et, pour d'autres, salariés d'entreprises prestataires pose un problème d'égalité. Le législateur s'est préoccupé de limiter les inégalités les plus choquantes et les éventuels abus.

Pour éviter les risques de sous-équité collective, l'entreprise donneur d'ordres doit veiller à la qualité de la GRH de ses sous-traitants. Ainsi, les Chantiers de l'Atlantique, qui en 2003 emploient 4 000 salariés appartenant à 650 sous-traitants, ont créé dès 1996 le Bape (bureau d'accueil des personnels extérieurs) par lequel doit transiter tout salarié d'une entreprise sous-traitante appelé à travailler sur le site où sont effectuées les vérifications de rigueur. En 2001, une instance de dialogue social du site a été créée et, le 26 avril 2002, a été signée une Charte de progrès social fixant les droits et devoirs du donneur d'ordres et de ses prestataires.

Les principes de fonctionnement consignés dans le protocole 2003 portant sur « le recours aux entreprises extérieures de nettoyage dans les hôtels gérés directement par Accor » favorisent une égalité de traitement.

Ces deux exemples illustrent la prise de conscience par les DRH des risques de l'externalisation.

Temps partiels et temps pleins

Temps partiels ou temps pleins, subis ou choisis, vivent différemment les différences. Deux points sensibles sont les écarts de traitement et le choix du statut. Dès lors que le statut à temps partiel ou temps plein a été choisi en toute connaissance de cause, le salarié exprime un sentiment d'équité. Cette équité est renforcée lorsqu'un droit au changement de statut, ou une priorité, est reconnu. Par exemple, un droit au retour à temps plein pour le salarié qui choisit le temps partiel. Différentes enquêtes ont montré que les temps partiels étaient sensibles aux inégalités de chance avec les temps pleins en matière de promotion et de formation. Ils constatent souvent que ceux qui sont à temps partiel ont des parcours plus lents, bénéficiant de moins d'opportunités professionnelles et de formation, et estiment que c'est inéquitable.

Cadres et non-cadres

L'existence en France du statut cadre, et donc de non-cadres n'en bénéficiant pas, a suscité une différenciation supplémentaire. L'obtention du statut cadre dès le recrutement, ou après une période probatoire, et le passage cadre, la « cadration », après une promotion, sont souvent définis de façon précise afin d'éliminer les sentiments d'iniquité. La précision des règles et des procédures garantit que les bénéficiaires méritaient d'être cadres. Un procès récent a souligné l'importance de pratiques éliminant tout risque de discrimination dans l'obtention du statut. Dans l'espèce jugée, l'entreprise concernée a été condamnée parce que les techniciens hommes recrutés vingt ans avant avaient été promus cadres et non les techniciens femmes. Aujourd'hui, la réglementation distingue plusieurs catégories de cadres : cadres intégrés, cadres autonomes et cadres dirigeants. Il est trop tôt pour dire si l'appartenance à l'un ou l'autre niveau a un fort contenu symbolique.

Les hommes clés et les autres

Les entreprises identifient un nombre limité de ces « hommes clés » sur lesquels reposent leur pérennité, leur croissance et leur rentabilité. Elles portent une grande attention à ces hommes et développent des pratiques spécifiques de détection, évaluation, développement, rétention, rétribution. Ces mesures spécifiques peuvent être source de sentiment d'iniquité. Les « menottes dorées » mises en place pour quelques hommes clés à fidéliser provoquent parfois un sentiment d'injustice chez les autres.

Autres caractéristiques influentes

La diversité des attentes naît également d'autres caractéristiques. Le diplôme, la nationalité, la situation familiale, les passions extra-professionnelles, les engagements dans la cité font naître des perceptions diverses de ce qui est juste, des rétributions importantes et des efforts. Connaître la diversité des attentes nécessite une attention portée à chaque salarié. Le manager de proximité joue un rôle clé sur ce point. Des enquêtes fréquentes auprès de l'ensemble des salariés ou de certaines catégories permet d'identifier leurs attentes et leurs conséquences sur leur perception de l'équité. Aujourd'hui, le développement des questions sur intranet favorise une veille permanente et permet de prendre en compte la diversité.

ÉQUITÉ ET INTERNATIONALISATION

Les entreprises sont aujourd'hui largement internationales. Les approches nationales de l'équité peuvent être différentes. Les comparaisons, notamment entre filiales dans des pays où les niveaux de vie sont différents, peuvent créer des sentiments de non-équité.

Contingence nationale de l'équité

La perception de ce qui est juste peut différer selon les pays et leurs traditions.

Connaître les approches nationales de l'équité

Quelques études comparatives permettent de dégager l'existence de différences notables dans la construction du sentiment d'équité. Certaines ont fait ressortir les différences entre l'importance relative du contrat (et donc de l'équité procédurale) ou de la comparaison (et de la justice distributive). D'autres montrent la diversité des critères du juste.

- Cultures implicites/explicites

  Les différences sont fortes entre l'approche américaine de l'équité, contractuelle et explicite, et la France, où les références demeurent implicites et sont censées être partagées. Le transfert d'outils américains formalisés dans une culture française implicite peut mal fonctionner. L'introduction de critères qualitatifs dans les processus d'évaluation de la performance peut favoriser l'appropriation d'outils. Pour les Américains, la norme est explicite. Le mot égale la chose. En France, l'intelligence d'un individu est mesurée selon sa faculté à décrypter les codes en vigueur sans aide externe. C'est le règne de l'implicite. Le mot y est différent de la chose. « La culture hexagonale demeure riche en contexte, contrairement à son homologue américain » (Baudry, 2003). La fixation des règles et leur interprétation se présentent différemment dans les deux contextes. L'échange transparent d'informations concernant les individus sera bien perçu aux États-Unis et critiqué en France. La dimension explicite de la culture américaine favorise un détachement vis-à-vis des évaluations, une relation objective et évite les faux-semblants relationnels du face-à-face entre supérieurs et subordonnés.

- Performance ou statut

  Diverses recherches ont montré les différences nationales concernant les critères du juste à prendre en compte. Leila Benrais a comparé la perception de l'équité salariale entre cadres français et marocains en menant quarante entretiens dans chaque pays autour de trois questions :

  - Quand vous jugez votre rémunération, par rapport à qui vous comparez-vous ? (stratégies de comparaisons)
  - Selon vous, qu'est-ce qu'une rémunération juste ?
  - Quels sont les critères qui légitiment les différences en termes de salaires entre deux personnes qui occupent le même poste ?

Le jugement de l'équité salariale au Maroc suit plutôt une logique de statut. La qualification, l'âge, les besoins et le sexe sont les critères déterminants. La correspondance remplace la proportionnalité. À un âge, une qualification et un sexe donnés « doit » être attribuée une rétribution. Le cadre français met en avant la qualification, la performance, le niveau hiérarchique, la quantité de travail et l'ancienneté. Les filiales françaises et marocaines d'une entreprise devront veiller à prendre en compte ces différences culturelles (Benrais & Peretti, 2002).

Identifier le poids des usages

Les modes de rémunération en vigueur dans un pays influencent les valeurs des salariés nationaux. Le développement nord-américain du salaire basé sur le rendement individuel explique l'attente d'équité individuelle. L'importance du cadre réglementaire en France renforce l'exigence d'équité légale. Les régimes collectifs de rémunération variable en Asie ont accru l'attente d'équité collective. Dans chaque pays, le poids des usages a façonné une approche de ce qui est équitable.

Expatriation et équité

L'internationalisation a développé les transferts internationaux : expatriation, impatriation… Le défi de rémunérer équitablement les expatriés consiste à concilier deux perspectives : celle de la filiale où ils sont transférés et celle de leur organisation d'origine (Cerdin & al., 2001). Une rémunération équitable des expatriés est complexe à établir. L'organisation doit veiller à l'équité des expatriés avec les salariés du pays d'accueil (les locaux), les salariés du pays d'origine, d'autres expatriés de l'entreprise dans les autres pays, les expatriés de nationalités différentes dans le même pays et des expatriés d'autres entreprises.

Équité entre expatriés et locaux

Les conditions de rémunération des expatriés sont analysées par les salariés locaux occupant des emplois semblables ou différents. Dans les pays à faible niveau de vie, les cadres locaux peuvent se sentir en sous-équité individuelle. L'ensemble des locaux peut se percevoir en sous-équité collective en évaluant les écarts avec les expatriés. Les perspectives de mobilité internationale offertes aux salariés locaux – et donc la possibilité de bénéficier d'un statut favorable – modifient le sentiment d'équité. L'existence de règles de mobilité internationales identiques, appliquées sans discriminations, favorise l'équité.

Quelques entreprises adoptent l'approche « pays d'accueil » qui favorise l'équité local-expatrié. La rémunération de l'expatrié correspond à celle d'un poste équivalent de la grille salariale de la filiale. Il s'y rajoute des indemnités diverses. Cette méthode rend peu attractifs les transferts vers les pays à faible niveau de vie.

Équité avec le pays d'origine

La rémunération d'un expatrié dépend généralement de la structure salariale de la maison mère qui le détache. La méthode « pays d'origine » retient la rémunération offerte – généralement complétée d'un forfait – dans le pays d'origine pour un emploi similaire. Elle est la plus fréquente dans les multinationales françaises. Un point délicat est l'évaluation des différences entre le poste d'origine et le poste dans la filiale. L'éloignement et le changement de contexte modifient-ils le poids du poste ? La mobilité internationale signifie-t-elle une contribution supérieure (plus d'autonomie et de diversité des problèmes à traiter) ? Un différentiel positif ne crée-t-il pas le sentiment d'une caste privilégiée mal perçue par les non-mobiles ?

L'entreprise peut aussi adapter l'approche retenue en fonction des catégories de salariés. Le nouvel embauché pour un premier poste à l'étranger peut relever de la méthode pays d'accueil et les plus anciens, de la méthode pays d'origine. Cette méthode réduit les coûts mais complexifie la gestion des expatriés et risque de susciter des sentiments d'iniquité entre catégories – et parfois entre générations – d'expatriés (Cerdin, 2002).

La couverture retraite est un point sensible pour les Français expatriés, pour lesquels l'affiliation aux régimes de la Sécurité sociale, de l'Arcco et de l'Agirc est facultative. Pour ses 170 expatriés présents dans 24 pays d'Afrique, la CFAO, après consultation des salariés concernés, a retenu comme principe : assurer une protection sociale identique à celle des salariés restés en France. Ce choix de la sécurité – complété ici par une retraite surcomplémentaire (article 83) – répond aux attentes des expatriés. En janvier 2003, 92 % des expatriés interrogés par la Sofres pensaient indispensable ou important de conserver la Sécurité sociale et la retraite complémentaire du régime français.

Équité externe

Les référents d'un salarié expatrié dans une filiale dans un pays peuvent être les expatriés d'autres entreprises – notamment de même nationalité – dans ce pays. La nécessité d'une cohérence entre pratiques d'expatriation se traduit par des échanges d'informations et l'harmonisation de pratiques spécifiques à un pays.

Les référents concernent aussi les expatriés dans d'autres pays, et les primes correspondant aux difficultés de vie et aux risques sont analysées de près.

Enfin, les expatriés se comparent avec leurs homologues locaux et, dans certains pays à haut niveau de salaire, peuvent se sentir en sous-équité.

La recherche de l'équité externe impose des enquêtes salariales approfondies et l'interprétation complexe de leurs données. La diversité des régimes de retraite et de protection sociale rend délicates les comparaisons internationales et crée des sentiments d'équité peu fondés.

Équité globale

L'expatriation ne modifie pas seulement la rémunération. Toute la carrière est concernée. La réflexion sur l'équité doit prendre en compte les conséquences en termes d'évolution de carrière. Les difficultés et risques du retour sont à évaluer de façon à avoir une politique d'expatriation équitable qui ne fasse des mobiles internationaux ni une caste de nantis ni de futurs accidentés de carrière. C'est dans la durée que s'apprécie l'équité d'une politique d'expatriation.

Les impatriés

L'arrivée de salariés des filiales dans la société mère en France soulève également des problèmes d'équité. En 2003, le projet d'offrir aux impatriés des avantages fiscaux pour rendre la France attractive a soulevé de vives réactions. Le président de la CFE-CGC a jugé ce projet « scandaleux », bafouant le principe d'égalité devant l'impôt et créant des tensions dans les équipes. Les entreprises ressentent le besoin de faire disparaître les discriminations fondées sur l'origine géographique des mobiles. « Un système organisé de transferts internationaux a remplacé le système d'expatriation/impatriation, dans lequel on ne traitait pas de la même manière un Français qui partait à l'étranger et un Brésilien qui arrivait en France, constate le DRH de Renault, et on peut en rendre compte de la même manière quel que soit le pays » (*Personnel*, n° 432, sept. 2002, p. 31).

Équité entre filiales et pays

Les comparaisons entre le niveau des pratiques dans les filiales d'un groupe implanté dans divers pays se développent. Les organisations syndicales échangent des informations et dénoncent les disparités flagrantes. Les salariés communiquent davantage, en particulier sur le salaire net. Dans les usines tchèques de Danone, les toutes premières revendications portaient sur les salaires : le personnel souhaitait voir atteindre les niveaux occidentaux. « C'était impossible, ce qui a provoqué des frustrations. En compensation, les dirigeants ont commencé par rénover les sites » (*Le Monde Économie*, 2 septembre 2003, p. IV). Le souci d'équité s'exacerbe. L'équité entre filiales et pays doit être observée de près. Les anomalies doivent être évitées.

GARANTIR UNE ÉQUITÉ PARTAGÉE

La diversité des attentes rend difficile le management de l'équité. Il faut concilier des approches parfois contradictoires et répondre à des demandes individuelles sans provoquer des sentiments de non-équité. Il faut garantir à chaque salarié un traitement et des perspectives équitables. Offrir un choix le plus large possible favorise la perception d'équité. L'équité dans la fonction publique soulève des problèmes spécifiques.

Des perspectives équitables

Deux exemples illustrent la difficulté d'assurer un traitement équitable à chacun.

Les hauts potentiels et les autres

Ne pas faire comprendre aux jeunes cadres identifiés comme de potentiels dirigeants de demain qu'ils appartiennent à la bonne catégorie et qu'on s'occupe d'eux, c'est prendre le risque qu'ils soient happés ailleurs. Mettre en œuvre des processus explicites de reconnaissance et des parcours légitimants apparents crée des clivages. La concentration de témoignages de reconnaissance et de moyens sur les hauts potentiels (HP) suscite chez les autres un sentiment de sous-équité qui peut se traduire par le « syndrome de Joseph » – dans la Bible, Joseph, enfant préféré de son père, avait été vendu par ses frères… Sa brillante carrière en Égypte montre que son père avait su identifier son haut potentiel. La mise en œuvre d'une politique à l'égard des hauts potentiels est nécessaire pour préparer les relèves. Il faut veiller à ce qu'elle ne soit pas source de perception d'iniquité.

Les étoiles et les piliers

La typologie classant les salariés dans une entreprise en fonction des jugements portés sur leurs performances et potentiels permet de distinguer les étoiles (potentiels et performances forts), les piliers (forte performance et faible potentiel), les espoirs (fort potentiel et faible performance) et les branches mortes (performance et potentiel faibles). Lorsque l'entreprise choisit comme critère d'attribution d'un élément de rétribution la performance ou le potentiel, elle peut susciter un sentiment de sous-équité chez le pilier ou l'étoile. Ainsi, accorder une augmentation individuelle basée sur le potentiel favorise l'étoile et l'espoir et peut démobiliser le pilier.

Le tableau de bord de l'équité

L'exigence d'équité est particulièrement forte aujourd'hui en termes de perspectives de promotions et de carrières. « Une démarche équitable d'élaboration d'un plan de succession apporte une réponse concrète où chacun doit avoir sa chance et contribue à ce titre à la motivation de l'ensemble du personnel et à l'image de la société sur le marché du travail », constate un consultant (Norroy, 2003, p. 59).

Un tableau de bord de l'équité interne regroupe un certain nombre d'indicateurs concernant les caractéristiques individuelles et les pratiques les plus sensibles. Ainsi, on suivra le taux d'accès à la formation en fonction de l'âge, du sexe, de la qualification, du niveau de formation initiale, du statut. Le taux de promotion en fonction du sexe et de l'âge, la répartition des enveloppes d'augmentation et des primes sont également deux indicateurs d'équité. Le tableau de bord doit permettre de s'assurer que les pratiques sont équitables et ne génèrent pas une population à deux vitesses : victimes des choix stratégiques, d'une part, bénéficiaires, d'autre part.

Entreprise à la carte, entreprise plus équitable ?

Les recherches menées sur l'entreprise à la carte mettent en relief l'impact positif des choix proposés au salarié sur sa satisfaction (Colle, 2003).

Les choix offerts aux salariés concernent toutes les dimensions de la GRH. Les attentes des salariés sont particulièrement fortes en matière de temps de travail. Choisir ses horaires, ses dates de congé, ses jours de repos, être maître de ses rythmes et du temps est très apprécié par la plupart des salariés. Le succès croissant du compte épargne-temps (CET) est dû aux très larges possibilités de choix offertes. L'autonomie dans le travail, l'organisation de ses tâches, l'aménagement de travail, le choix des actions et modalités de formation contribuent à accroître la satisfaction du salarié à l'égard de sa rétribution.

Une fois déterminé le « combien » (l'enveloppe), donner au salarié le choix du « comment » en sélectionnant diverses composantes de la rémunération accroît sa satisfaction à l'égard du niveau de rétribution. Il apparaît que le sentiment d'équité est d'autant plus fort que le salarié dispose de larges espaces de choix dans tous les domaines de sa vie professionnelle.

L'équité dans la fonction publique

Fin 2003, le débat autour de la mise en place d'un système de rémunération permettant de reconnaître la valeur de chaque agent soulève la question de l'équité dans la fonction publique. Dès 2004, des primes « au mérite » sont prévues pour les ministères de la Justice, de l'Intérieur et des Finances. Ainsi, « pour rétablir l'équité », le garde des Sceaux « modulera individuellement une hausse au regard de critères quantitatifs et qualitatifs ». À l'intérieur, des primes récompenseraient les agents ayant accompli un travail ou une action exceptionnel. D'autres primes iront aux services ayant rempli des objectifs fixés en début d'année (*Le Monde*, 19 octobre 2003, p. 8). Cette évolution s'inscrit dans le passage d'une logique de moyens à une logique d'objectifs et de résultats. Elle suscite une inquiétude des syndicats. « Cela peut déboucher sur le régime de l'arbitraire le plus complet, de la toute-puissance des petits chefs. » La définition de critères négociés et objectifs s'avère complexe. D'âpres discussions s'engagent : « Il faut un système lisible et transparent », soulignent les syndicats.

Vingt ans après l'évolution des rémunérations dans le secteur privé, le secteur public se trouve confronté à la nécessité d'évoluer vers une meilleure reconnaissance de la contribution individuelle ou collective.

Pour répondre à cette préoccupation d'équité, la fonction publique devra revoir tous ses processus d'évaluation de notation, d'avancement et de promotion. Elle peut s'appuyer sur les leçons tirées de l'expérience des entreprises. Les difficultés pour atteindre l'équité, les risques de dérive bureaucratique, les incompréhensions nées de l'impression de la notion de « mérite » sont des obstacles réels. Une mise en œuvre progressive fondée sur une réflexion approfondie, associant toutes les parties prenantes, sur les critères de performance à prendre en compte est une condition de succès. Pas d'équité sans garantie d'une évaluation fiable de la contribution.

CHAPITRE 10

Les architectes de l'équité

Le management de l'équité mobilise de nombreux acteurs : ceux qui construisent les systèmes et ceux qui les font vivre. Parmi ceux qui, au quotidien, veillent à l'équité, les managers ont un rôle fondamental. Ce rôle a été mis en évidence dans la seconde partie de cet ouvrage.

Parmi les architectes, les « Comp & Ben » ou CBM – *compensations and benefits managers* –, c'est-à-dire les responsables des rémunérations et avantages sociaux, ont un rôle clé. L'intégration du management de l'équité dans l'ensemble des pratiques RH fait également des équipes RH des architectes essentiels. Les constats et recommandations des rapports d'audits de l'équité et plus largement de l'ensemble des audits RH permettent l'amélioration des systèmes et la progression vers l'entreprise équitable.

Les salariés peuvent contribuer aussi à l'évolution des systèmes. Des travaux ont montré que l'implication des salariés dans l'évolution des moyens de reconnaissance caractérisait les entreprises les plus performantes (Watson Wyatts, 2003).

LES RESPONSABLES DES RÉMUNÉRATIONS

Les missions des responsables des rémunérations (RR) se sont profondément transformées depuis leur apparition dans les années soixante-dix. Spécialistes de la maîtrise de la masse salariale, ils analysent son évolution, affinent les prévisions, développent les simulations et clarifient le dialogue avec les organisations syndicales. La loi de 1982 qui rend obligatoire la négociation annuelle sur les salaires, et donc la préparation de documents préparatoires, renforce la culture et l'expertise de gardiens de la « masse salariale » des RR.

Dans les années quatre-vingt, ils participent à la mise en place de nouveaux outils de rémunération dans le cadre des nouveaux arbitrages (Peretti, 2001) mais cette évolution vers une rémunération globale « s'est souvent faite au coup par coup, sans doctrine précise, la plupart du temps en fonction des opportunités » (Seltzer, 2003).

Dans les années quatre-vingt-dix, le métier des RR s'est enrichi. Il fallait maîtriser et optimiser l'utilisation cohérente de toutes les composantes d'une rémunération globale devenue complexe. Définir un système de rémunération aligné sur les objectifs stratégiques de l'organisation et adopter une approche globale de la rémunération sont deux impératifs pour les RR. Le nouveau responsable devient un CBM (Comp & Ben Manager).

Denis Falcimagne, président de l'Observatoire des rémunérations et avantages sociaux (Oras), définit ainsi la mission du CBM : « Offrir des salaires compétitifs correspondant à la fonction tenue et aux compétences mises en œuvre tout en rémunérant équitablement la performance afin de permettre la progression de carrière. »

Le CBM doit être capable de construire le package le mieux adapté à chaque catégorie de salarié, voire à chaque personne, avec cinq caractéristiques (Seltzer, 2003) :

- conformité aux valeurs de l'entreprise ;
- compétitivité par rapport au marché ;
- respect des principes d'équité interne ;
- motivation de chacun à la réussite de l'entreprise ;
- optimisation fiscale et sociale.

Le CBM est « un spécialiste de haut niveau qui doit savoir intégrer de nombreuses données techniques et politiques. C'est un réalisateur et un intégrateur. Consultant auprès de la DG, il traduit les orientations politiques en termes d'outils et de techniques de rémunération » (Falcimagne, 2003). Henri Cochet, responsable des rémunérations du groupe Total, définit ainsi les quatre principes clairs et simples « auxquels tous peuvent adhérer » (Cochet, 2003) :

- rémunérer avec équité ;
- rémunérer à un niveau globalement compétitif ;
- rémunérer la performance individuelle et collective ;
- maîtriser les coûts salariaux en optimisant le revenu des salariés.

Si le quatrième point relève de la technique fiscale et sociale, les trois premiers renvoient à l'équité. Compte tenu des enjeux, il est nécessaire que les CBM suivent et exploitent les résultats des travaux de recherche menés sur les effets des différentes modalités de rémunération afin d'éclairer les arbitrages et les choix.

LES ÉQUIPES RH

Les équipes RH jouent un rôle déterminant pour la mise en œuvre de l'équité. Chacun des postes de la fonction RH est concerné, au-delà des responsables rémunération et avantages sociaux. Parmi les membres de la fonction RH, une attention particulière peut être portée à ceux qui participent à l'administration du personnel, au développement humain et social, au recrutement, à la communication Internet et aux relations sociales.

Le DRH

Il veille à ce que l'ensemble des politiques et pratiques RH contribuent à élever le sentiment d'équité dans l'organisation. En particulier, il impulse les changements de règles nécessaires pour concilier les choix stratégiques de l'entreprise, les attentes diverses et évolutives des salariés et les compétences du management. Il veille à la « cohérence équitable » des pratiques RH, c'est-à-dire, à ce que chaque salarié perçoive le caractère équitable et cohérent des décisions RH.

Il anime les équipes RH en leur faisant partager l'exigence d'équité.

Administration du personnel

La confiance dans la gestion administrative du personnel contribue au sentiment d'équité. Les administratifs RH, au niveau décentralisés ou, plus fréquemment aujourd'hui, dans les centres de services RH (ou plate-forme RH), garantissent aux salariés :

- l'accès aux informations leur permettant de connaître leurs droits, les opportunités et d'agir en conséquence ;
- un traitement équitable à travers l'application des règles ;
- l'absence de passe-droit et de traitement de faveur.

Les administratifs RH sont les garants de l'équité légale.

Développement humain et social

L'ensemble des activités regroupées sous l'appellation « développement humain et social » permettent au salarié d'accroître sa contribution mesurable et, par voie de conséquence, ses rétributions. Donner à chaque salarié une possibilité équitable de développer ses compétences (formation), de les mettre en œuvre (affectation, mobilité) et d'être convenablement évalué nécessite des dispositifs adaptés, efficaces, évolutifs. Les responsables du développement humain et social à travers la formation et la mobilité ont une forte influence sur le capital équité.

Recrutement

L'impact des recrutements sur le sentiment d'équité des nouveaux et des anciens est considérable. Le responsable du recrutement veille à mettre en place des procédures équitables entre candidats potentiels, entre les recrutés et les salariés en poste, entre recrutés dans différentes fonctions, qualifications, régions ou pays. Le déroulement du processus de recrutement est à l'origine de certains sentiments durables de non-équité. Ainsi, dérouler le tapis rouge certaines années peut donner aux recrutés précédents, qui ont connu emplois précaires, condescendance des recruteurs, délais d'attente et conditions d'embauche peu favorables, un sentiment d'injustice.

Communication interne

Construire un dispositif de communication interne qui crée l'égalité dans l'information, la bonne connaissance des règles et favorise l'épanouissement professionnel contribue à élever le sentiment d'équité.

Chacun des membres de la fonction RH doit intégrer l'impact des dispositifs qu'il met en place, fait vivre et évoluer, sur les sentiments d'équité de chacun des salariés.

Relations sociales

Le bon fonctionnement du système de relations professionnelles contribue à l'équité. La fonction réclamation, assurée par les délégués du personnel, permet de corriger et d'anticiper certaines iniquités. La fonction concertation, dans le cadre du comité d'entreprise, favorise la confiance des salariés, base de l'équité. La fonction négociation, avec les délégués syndicaux, permet une meilleure acceptabilité des règles.

L'AUDITEUR SOCIAL

L'exigence d'équité exprimée par les salariés est aujourd'hui particulièrement forte. L'ampleur des impacts sociaux et économiques de l'absence d'équité est ressentie et reconnue par les organisations. Aussi, la volonté d'intégrer un objectif d'équité dans les politiques et les pratiques RH est-elle souvent affirmée par les entreprises. Ceci suscite un besoin croissant d'audit de l'équité. La demande d'audit de l'équité se situe à plusieurs niveaux.

Lorsque la direction affiche un objectif d'équité dans ses politiques RH en général ou l'un des domaines en particulier (principalement, celui des rémunérations), l'auditeur peut réaliser des audits d'efficacité pour vérifier si l'objectif est réellement atteint et proposer des mesures permettant de s'en rapprocher. La prise en compte de l'équité s'impose également dans des missions d'audit d'efficacité de politiques et pratiques pour lesquelles l'objectif d'équité n'a pas été explicité, mais dont l'auditeur pense qu'il constitue une condition importante de succès (politiques de mobilité, gestion des carrières, restructurations…). Enfin, les missions d'audit stratégique gagnent en portée lorsqu'elles intègrent les apports de la théorie de l'équité.

L'auditeur identifie cinq points clés sur lesquels réaliser les vérifications. Ces points concernent l'ensemble des procédures définies et effectivement mises en œuvre concernant la contribution, la rétribution et le lien entre contribution et rétribution.

L'auditeur examine si les politiques et pratiques de l'organisation permettent d'atteindre les cinq objectifs suivants : garantir au salarié une évaluation fiable de sa contribution, permettre au salarié d'accroître sa contribution mesurée, expliciter les liens entre contribution et rétribution, garantir la rétribution méritée, communiquer sur l'ensemble de la rétribution et apporter des référentiels.

Garantir au salarié une évaluation fiable de sa contribution

On considère généralement que l'évaluation de la contribution distingue ses composantes : le poste occupé et la performance dans le poste.

Pour le premier aspect, l'auditeur analyse la structure des rémunérations et en apprécie la pertinence, la cohérence et la confiance des salariés à son égard. Il examine la méthode d'évaluation utilisée, l'ancienneté des pesées et leur mise à jour, la communication sur l'élaboration des grilles et l'implication des divers niveaux hiérarchiques concernés. En particulier, il apprécie la part prise par le *ranking to market* (positionnement par rapport au marché) de façon à identifier d'éventuels conflits entre équité interne et externe. Dans l'actuel contexte de pénurie pour certaines qualifications, la prise en compte des rémunérations sur le marché peut mettre en péril l'équité interne. L'auditeur évalue ce risque et les dispositions prises pour le réduire.

Pour l'évaluation de la performance dans le poste, l'auditeur examine à la fois la description du système d'appréciation et la perception que les acteurs (appréciateurs et appréciés) ont de sa fiabilité et de la cohérence entre responsables et services dans sa mise en œuvre. Il vérifie le degré de consensus sur la notion de performance individuelle dans l'organisation. L'audit des systèmes d'appréciation, et particulièrement des entretiens annuels qui en sont souvent le moment fort et visible, est indissociable de l'audit d'équité.

Lorsque l'entreprise choisit de rémunérer les compétences et non les postes, l'auditeur est amené à apprécier la fiabilité du système retenu, le niveau d'adhésion et de confiance qu'il suscite chez les salariés, l'adéquation du système de mesure et son acceptabilité.

Permettre au salarié d'accroître sa contribution mesurée

Pour développer un sentiment d'équité, il est nécessaire que le salarié estime satisfaisants les efforts consentis par l'organisation pour lui permettre d'atteindre un haut niveau, actuel et futur, de contribution. L'auditeur examine le degré de satisfaction du salarié à l'égard des processus de développement de ses compétences et de la formation dont il bénéficie. L'auditeur analyse également les processus d'affectation (mobilité interne) et la perception que les salariés ont de leur pertinence et de leur possibilité d'être affectés là où ils sont les plus compétents et peuvent obtenir les meilleurs résultats. L'auditeur s'intéresse donc à l'ensemble des processus mettant chaque salarié dans les meilleures conditions pour être efficace et performant.

Expliciter les liens entre contribution et rétribution

L'auditeur vérifie que les règles du jeu existent et sont connues et que le salarié peut prévoir les conséquences en termes de rétribution de l'évolution de sa contribution. L'audit porte notamment sur l'existence d'une règle commune, communiquée et assimilée, précisant la détermination de chacune des composantes de la rémunération. Les augmentations individualisées, l'attribution d'un coefficient, les primes et bonus personnalisés, l'affectation de stock-options, l'octroi d'avantages en nature personnels et l'évolution de tout autre élément de la rémunération globale doivent être régies par des dispositions explicitées. Ces règles doivent être connues des intéressés, c'est-à-dire des bénéficiaires éventuels comme de leurs collègues. Les autres décisions importantes pour la vie professionnelle du salarié doivent aussi faire l'objet d'un audit. Les décisions d'inscription dans certains programmes de formation, les changements d'affectation en termes de locaux, de service ou de poste et les décisions affectant la carrière méritent une attention particulière.

Garantir la rétribution méritée

L'auditeur contrôle que les règles définies sont effectivement appliquées et que le salarié reçoit la rétribution qu'il a méritée grâce à sa contribution. Ceci repose sur la clarté des règles et des critères favorisant la lisibilité des décisions. Les écarts les plus fréquents proviennent de trois causes :

- les divergences de compréhension et d'interprétation de la règle du fait d'une insuffisante clarification initiale ;
- les désaccords sur la mesure de la contribution et la détermination du montant de la rétribution ;
- l'abandon des règles du fait de facteurs internes (changement de direction ou de responsable, changement de politique…) ou externes (retournement conjoncturel, difficultés imprévues, mauvaises prévisions de l'impact réel des promesses…).

Dans les trois cas, il en résulte un profond sentiment d'iniquité accompagné d'une décrédibilisation durable du discours managérial.

Communiquer sur l'ensemble de la rétribution et apporter des référentiels

L'auditeur vérifie le niveau de connaissance par le salarié de sa rétribution globale. En effet, son sentiment de non-équité peut provenir de sa méconnaissance d'une composante significative de la rémunération, notamment au niveau des périphériques et des éléments indirects ou différés. L'existence de « bilans sociaux individualisés » complets et pédagogiques, d'une part, d'un centre d'appel dédié compétent, d'une hiérarchie sensibilisée sont des indicateurs d'une communication effective.

L'auditeur s'efforce d'identifier les principaux référentiels utilisés par chaque salarié ou groupe de salariés dans l'évaluation de son niveau d'équité. Il en examine la pertinence et l'exactitude et, si nécessaire, propose des actions de communication permettant de corriger certaines erreurs ou de relativiser certains écarts.

La mesure du sentiment d'équité et de son évolution, la détection des menaces que l'évolution du contexte ou des politiques fait peser sur le capital équité sont deux objectifs des observatoires sociaux et des enquêtes d'opinion. Déceler le risque qui pèse sur la perception d'équité globale ou chez certaines populations permet d'y remédier.

Les travaux menés par les chercheurs ont fait ressortir l'importance de la perception de la justice « procédurale ». Pour développer un sentiment d'équité, il faut donner confiance au salarié quant à l'équité et la rigueur des procédures existantes. Pour accepter le « combien » comme équitable le salarié doit être convaincu que le « comment » contribue réellement à accroître l'équité.

À travers ce bref inventaire des questions que l'auditeur aborde lors d'un audit portant sur l'objectif d'équité, on peut constater la richesse et l'ampleur des investigations à mener. Ce sont l'ensemble des processus RH (et aussi ceux du contrôle de gestion) qui concourent au sentiment d'équité.

C'est aussi la qualité de la communication sur ces processus et les résultats qui le conditionne. L'audit de l'équité est au cœur de l'audit du management.

Transparence et solidarité

« Le Royaume des Cieux est comparable au maître d'un domaine qui sortit au petit jour afin d'embaucher des ouvriers pour sa vigne. Il se mit d'accord avec eux sur un salaire d'une pièce d'argent pour la journée, et il les envoya à sa vigne. Sorti vers neuf heures, il en vit d'autres qui étaient là, sur la place, sans travail, il leur dit : "Allez, vous aussi, à ma vigne et je vous donnerai ce qui est juste." Ils y allèrent. Il sortit de nouveau vers midi, puis vers trois heures, et fit de même. Vers cinq heures, il sortit encore, en trouva d'autres qui étaient là, et leur dit : "Pourquoi êtes-vous restés là, toute la journée, sans rien faire ?" Ils lui répondirent : "Parce que personne ne nous a embauchés."
Il leur dit : "Allez, vous aussi, à ma vigne." »

Le soir venu, le maître de la vigne dit à son intendant : "Appelle les ouvriers et distribue le salaire, en commençant par les derniers pour finir par les premiers." Ceux qui n'avaient commencé qu'à cinq heures s'avancèrent et reçurent chacun une pièce d'argent. Quand vint le tour des premiers, ils pensaient recevoir davantage, mais ils reçurent, eux aussi, chacun une pièce d'argent. En la recevant, ils récriminaient contre le maître du domaine : "Les derniers venus n'ont fait qu'une heure et tu les traites comme nous, qui avons enduré le poids du jour et de la chaleur !" Mais le maître répondit à l'un d'entre eux : "Mon ami, je ne te fais aucun tort. N'as-tu pas été d'accord avec moi pour une pièce d'argent ? Prends ce qui te revient et va-t'en." » (Mathieu, 20.1-16)

La parabole des ouvriers de la onzième heure oppose deux approches de l'équité : est juste ce qui est conforme au contrat passé (« n'as-tu pas été d'accord avec moi pour une pièce d'argent ? ») ou ce qui correspond au travail réalisé (« ceux qui n'avaient commencé qu'à cinq heures reçurent chacun une pièce d'argent. Les premiers pensaient recevoir davantage »). Selon les pays, le poids du contrat dans la perception de l'équité diffère. Ainsi, le salarié qui constate qu'il est moins bien rémunéré qu'un collègue pourra soit mettre en cause l'injustice patronale (équité comparative) soit sa mauvaise négociation initiale du contrat (équité contractuelle) soit admettre le bien-fondé d'autres critères (équité sociale).

L'un des objectifs de l'entreprise, développé tout au long de cet ouvrage, est de renforcer la dimension contractuelle de l'équité. En définissant, affichant et appliquant des règles acceptables par les salariés, l'entreprise crée un sentiment d'équité processuelle. La transparence est une condition essentielle de l'équité. Elle ne suffit pas. Il faut que les salariés et la hiérarchie adhèrent aux règles. La transparence doit s'étendre au processus de définition des règles. Leur négociation contribue à l'appropriation par chacun des acteurs.

La parabole fait ressortir également la nécessaire prise en compte des besoins dans la fixation de la rétribution. L'ouvrier de la onzième heure a besoin de plus d'un douzième de pièce d'argent pour subvenir à sa nourriture et à celle de sa famille. Son chômage n'était pas volontaire (« personne ne nous a embauchés »). Le besoin d'équité n'exclue pas la solidarité.

La fixation d'un salaire minimal est jugée équitable, quelle que soit la contribution effective du smicard. De même, l'existence de minima sociaux et de revenus de substitution pour ceux qui n'ont pas d'emploi est rarement critiquée. La solidarité est aussi une composante de l'équité. La couverture maladie universelle permettant à chacun de se soigner est également perçue comme équitable. Cependant, le sentiment de non-équité peut être vif chez les « travailleurs pauvres » qui comparent le revenu tiré de leur travail avec celui que d'autres perçoivent au titre de la solidarité. Dès lors que les bénéficiaires de la solidarité semblent se satisfaire de leur sort sans rechercher un revenu d'activité, la situation est vécue comme inéquitable. L'écart entre le revenu de substitution et le SMIC a souvent été considéré comme inéquitable : « Si je travaille au SMIC, je gagne à pleine plus que si je reste au RMI, tous comptes faits. » La création de la prime pour l'emploi répond à ce souci d'équité en complétant le revenu perçu pour le travail effectué et non celui reçu au titre de l'assistance.

Pour répondre au besoin d'équité, il faut prendre en compte toutes les formes d'équité, la diversité des référentiels et des attentes. Il y a mille et une clés de l'équité. Il faut veiller à choisir les bonnes clés et à changer de trousseau de façon régulière. En effet, les perceptions de l'équité sont changeantes et nécessitent une révision constante des processus.

Si cet ouvrage a sensibilisé les différents acteurs concernés aux exigences et difficultés de l'équité, en favorisant la réflexion sur la mise en œuvre d'une justice processuelle, la contribution de son auteur aura reçu une rétribution équitable.

Glossaire

Abondement : versement discrétionnaire assuré par l'entreprise en complément des apports d'un salarié à un plan d'épargne entreprise (PEE) ou à un compte épargne-temps (CET).

Accord d'intéressement : accord, d'entreprise ou d'établissement, conclu pour trois ans pour associer les salariés aux résultats ou à la productivité de l'entreprise selon les modalités légales définies en 1959, 1986 et 1994.

Accord de classification : accord collectif portant sur la structure des rémunérations dans une branche ou une entreprise. Il positionne les emplois dans une grille de classification précisant les coefficients et niveaux relatifs de chaque emploi.

Accord de salaire : accord portant sur le niveau des rémunérations. Il précise les salaires minimaux pour chaque emploi de la grille des classifications et/ou les augmentations des salaires de base ou des salaires réels.

Acquis sociaux : avantages accordés aux salariés par la réglementation ou par voie conventionnelle à la suite de luttes et de conflits sociaux.

Appréciation : le fait de déterminer la valeur, de porter un jugement sur quelqu'un ou quelque chose. En GRH, l'appréciation porte en particulier sur les performances, le potentiel, les compétences.

Appréciation des performances : évaluation des performances d'un salarié sur une échelle de mesure, généralement en fonction d'objectifs assignés.

Assessment center (angl.) : dispositif comprenant un ensemble de tests, et en particulier d'épreuves de simulation, permettant d'évaluer l'adéquation d'un salarié à un poste, soit lors d'une procédure de recrutement, soit dans le cadre de la mobilité interne ou enfin dans le cadre d'une reconfiguration.

Augmentation catégorielle : augmentation de salaire accordée à tous les salariés appartenant à une catégorie (par exemple, les cadres), une qualification ou une unité de travail.

Augmentation générale : augmentation de salaire accordée à tous les salariés. Elle peut être hiérarchisée, non hiérarchisée ou semi-hiérarchisée. L'augmentation hiérarchisée repose sur un taux unique, l'augmentation non hiérarchisée, sur un montant uniforme. L'augmentation semi-hiérarchisée repose sur un taux unique, accompagné d'un montant minimal ou maximal.

Augmentation individualisée : augmentation accordée de façon différenciée à un certain nombre de salariés en fonction de critères définis dans le cadre de la politique de rémunération.

Avancement à l'ancienneté : progression automatique dans une grille de classification en fonction de l'ancienneté dans l'entreprise. Le système d'avancement dans la fonction publique comporte un avancement à l'ancienneté.

Avancement conventionnel : avancement défini dans le cadre des accords collectifs, prenant généralement en compte l'ancienneté.

Avantage en nature : prestation (biens ou services) fournie gratuitement par l'employeur ou moyennant une participation du salarié, à une valeur inférieure à sa valeur réelle. La valeur des avantages en nature de nourriture et de logement est évaluée par l'Urssaf en référence au « minimum garanti » pour les salariés dont la rémunération ne dépasse pas le plafond de la Sécurité sociale. Les autres avantages en nature sont évalués à leur valeur réelle.

Avantage non monétaire (ANM) : élément de la rémunération globale ne présentant pas un caractère monétaire (par exemple, avantage en nature, voiture de fonction, fourniture de biens ou services). Il existe une grande variété d'ANM bénéficiant de traitements sociaux et fiscaux divers et souvent soumis à des interprétations variables, source de contentieux éventuels. Dans le cadre de la définition d'une rémunération globale, les ANM sont, dans la mesure du possible, valorisés en termes monétaires.

Avantage non monétaire valorisable : élément non monétaire de la rémunération globale susceptible d'être évalué en termes monétaires. L'évaluation peut prendre en compte le traitement fiscal de l'ANM de façon à faire ressortir le revenu final, après prélèvements sociaux et fiscaux, du bénéficiaire et son équivalent en salaire.

Avantages individuels acquis : éléments tels que le salaire, le congé d'ancienneté, la prime d'ancienneté ou tout autre avantage qui a été acquis, perçu ou utilisé par le salarié.

Bilan social individualisé : document récapitulant pour chaque salarié toutes les informations personnelles sur leur rémunération annuelle, leur protection sociale, leurs droits à retraite, leur patrimoine social et toutes les composantes, immédiates ou différées, de leur rétribution. En 1999, on estime à 150 000 le nombre de salariés recevant un BSI annuel.

Bon d'achat CE : cadeau offert au salarié par le comité d'entreprise sous forme d'un bon d'achat. Né dans les années soixante-dix, le bon d'achat se substitue progressivement au cadeau tangible, notamment foie gras, chocolats et alcools. Le bon d'achat est exonéré des cotisations sociales si l'ensemble des bons par salarié au cours d'une année ne dépasse pas 5 % du plafond mensuel de la Sécurité sociale (environ 120 euros en 2004). Le bon d'achat prend la forme de chèque cadeau.

Bonus à la signature : élément de la rétribution accordé dès la signature du contrat de travail pour favoriser l'acceptation par le candidat retenu de la proposition. Son montant est calculé en fonction des éléments de rémunération (en particulier, les avantages différés : retraites, stock-options) perdus par le nouveau lors de sa démission de son poste précédent.

Classification : distribution systématique des postes ou des personnes en catégories en fonction de critères précis. Les conventions collectives peuvent prévoir des critères classants.

Classification des emplois (méthode de) : pour évaluer les emplois et fixer les rémunérations équitables, cette méthode consiste à définir des classes (correspondant à différents niveaux d'exigences) en fonction de plusieurs facteurs et à ranger chaque emploi dans la classe qui reflète le mieux son niveau d'exigences. (Voir aussi méthode de qualification)

Classification des emplois : rangement ordonné des emplois dans des classes. La classification des emplois permet d'établir la grille des rémunérations.

Classification professionnelle : hiérarchie des emplois ou des postes établie le plus souvent en référence à une grille.

Clause d'indexation : clause d'un contrat de travail, d'un accord d'entreprise ou d'une convention, prévoyant l'indexation des salaires sur un référentiel. L'indexation sur le SMIC, le niveau général des prix et le niveau général des salaires est interdite en France depuis 1959. De telles clauses sont donc illicites et nulles.

Coefficient hiérarchique : coefficient attribué à un emploi ou à une qualification professionnelle d'un salarié dans une grille de classification.

Comparaison par facteurs (méthode de la) : méthode d'évaluation des postes permettant leur rangement et la détermination des salaires à partir d'un rangement de chaque poste sur plusieurs facteurs retenus. Ces facteurs d'évaluation sont souvent les habiletés, les responsabilités, les efforts et les conditions de travail. Cette méthode complexe est aujourd'hui peu utilisée. (Voir aussi méthode de qualification)

Comparaison par paire (méthode de) : méthode globale de rangement permettant d'établir une classification des emplois à partir de comparaison des emplois deux à deux. (Voir aussi méthode de qualification)

Composantes de la rémunération globale : ensemble des avantages que le salarié reçoit du fait de sa relation d'emploi. On distingue les éléments monétaires et non monétaires, immédiats et différés, collectifs et individualisés, permanents et réversibles, intrinsèques et extrinsèques.

Compte épargne-temps (CET) : le compte épargne-temps a pour objet de permettre au salarié qui le désire d'accumuler des droits à congé rémunéré. Il est réglementé par une loi de 1994. Les CET se sont développés dans le cadre des accords de réduction de la durée du travail (1996-2000).

Confiance : 1. sentiment qu'on peut compter sur (Larousse), sécurité de celui qui se fie à quelqu'un ou à quelque chose (Robert) ; 2. présomption que, en situation d'incertitude, l'autre partie va, y compris face à des circonstances imprévues, agir en fonction de règles de comportement que vous trouvez acceptables, de normes sociales acceptées. La confiance apparaît dépendante de l'existence de codes et de conventions. La gestion des ressources humaines s'est intéressée tardivement, après les sociologues et les économistes, au management de la confiance et à l'identification du rôle de la confiance dans l'efficacité des pratiques de gestion des ressources humaines ; 3. attentes qui se constituent, à l'intérieur d'une communauté régie par un comportement régulier, honnête et coopératif, fondé sur des normes habituellement partagées, de la part des membres de cette communauté.

Courbe de salaire : graphique obtenu en portant en ordonnée l'information relative aux salaires versés et en abscisse l'information sur l'âge ou l'ancienneté pour un coefficient ou une classe donnée.

Couverture complémentaire prévoyance-santé : régime permettant d'assurer aux salariés des remboursements ou des prestations complémentaires à ceux prévus par le régime général de la Sécurité sociale ou par la loi de mensualisation dans le domaine de la santé et de la prévoyance.

Critères classants : critères utilisés dans le cadre d'une pesée des postes avec une méthode analytique. (Voir méthode de qualification)

Diversité (programme de gestion de la) : programme de recrutement, de formation et de gestion des carrières permettant de diversifier le personnel et de gérer cette diversité afin de mieux répondre à la diversité de la clientèle, de refléter son environnement, d'être plus attractif et d'avoir une image positive.

Échelle mobile (clause d') : clause en vertu de laquelle les salaires peuvent être automatiquement augmentés selon la variation d'un indice. (Voir aussi clause d'indexation)

Effet Pygmalion : les salariés auxquels on attribue un potentiel de performance élevé auront effectivement des performances plus élevées du seul fait des attentes exprimées. L'effet Pygmalion, ou prophétie auto-réalisatrice, s'appuie sur la légende de Pygmalion, roi de Crète, qui, amoureux d'une statue qu'il avait sculptée, obtint d'Aphrodite qu'elle soit changée en femme.

Effet Hawthorne : impact, sur la productivité de l'équipe de travail, de l'intérêt porté aux employés, mis en évidence en 1939 lors d'expériences menées à la Western Electric, à Hawthorne (États-Unis). Ces travaux sont à l'origine du courant de l'Ecole des relations humaines.

Emploi type : postes clés, représentatifs de l'activité de l'entreprise ou de la branche et bien répartis dans l'entreprise.

Équité salariale (loi sur l') (Québec) : la loi de 1996 sur l'équité salariale a pour objet de « corriger les écarts salariaux dus à la discrimination systémique fondée sur le sexe ». L'employeur de plus de 50 salariés doit établir un « programme d'équité salariale ». Les salariés participent à son établissement au sein d'un « comité d'équité salariale », obligatoire à partir de 100 salariés. En deçà de 50 salariés, l'employeur détermine les ajustements salariaux nécessaires pour l'équité salariale.

Évaluation des postes : pesée des postes permettant d'établir une structure de classification entre différents postes définis par l'organisation. (Voir aussi méthode de qualification)

Éventail des salaires : 1. écart, en valeur absolue, entre le plus haut et le plus bas salaire dans une entité ; 2. rapport entre le plus haut et le plus bas salaire d'une classification.

Gratification : prime accordée au salarié ayant un caractère de complément de salaire ou de libéralité.

Grille d'évaluation : tableau regroupant un ensemble de critères permettant d'apprécier la valeur d'une personne, d'une performance, d'une compétence, d'un potentiel. Syn. : grille d'appréciation.

Grille salariale : ensemble hiérarchisé des salaires d'une profession ou d'une entreprise.

Libéralités : élément de rémunération ne présentant pas un caractère obligatoire. La libéralité ne trouve son origine dans aucune source conventionnelle, ne dépend d'aucun critère fixe et précis, et son montant a toujours été variable.

Matrice d'augmentation de salaire : grille prescrivant le montant individuel de l'augmentation de salaire en fonction de la position du salarié sur l'échelle salariale et de sa performance.

Menottes dorées : modalités de rémunération différée limitant l'intérêt pour un salarié de changer d'entreprise (exemples : stock-options, primes de rétention…) (angl. *Golden handcuffs*).

Mérite : notion morale, mettant l'accent sur les efforts et la volonté engagés par un collaborateur en vue d'atteindre certains résultats, que ces derniers soient ou non réellement obtenus. La rémunération au mérite se distingue de la rémunération à la performance, qui prend en compte les seuls résultats.

Méthode de qualification : ensemble des procédures et outils mis en œuvre pour peser les postes et élaborer une grille des qualifications dans le cadre de la mise en place d'une politique de rémunération.

Méthode Dubreuil-Rimalho : méthode utilisée pour déterminer une prime collective de rendement au niveau de l'équipe grâce à une comptabilité analytique poussée. Elle a été développée par Hyacinthe Dubreuil sous le nom de « salaire par équipe autonome » dès 1939.

Méthode Halsey-Williams : méthode utilisée pour déterminer une prime de rendement individuelle inférieure au boni intégral. L'économie de temps réalisée ne bénéficie que partiellement au salarié, pour couvrir le coût d'usure et d'entretien supplémentaire du matériel. Le coefficient recommandé par Halsey est de 1/3 et celui par Williams de 1/2.

Méthode Rowan : méthode utilisée pour déterminer une prime individuelle de rendement inférieur au boni intégral où le coefficient utilisé est le rapport temps passé/temps alloué. De fait, l'accroissement du rendement réduit la valeur du coefficient et donc son impact stimulant.

Mutuelles « 45 » : groupements à but non lucratif, régis par le Code de la mutualité, intervenant dans le champ de la protection sociale. Leurs membres versent des cotisations qui ouvrent droit à des prestations ainsi qu'à un accès aux services créés ou gérés. Elles sont très actives dans les remboursements de santé, dont elles assurent 60 % en 1998.

Niveau de qualification : situation d'un individu dans une grille de qualification qui répartit les connaissances et le savoir-faire dans un métier entre différents postes. Ce niveau prend en compte les compétences, la complexité des opérations à réaliser et les degrés d'autonomie, de décision et d'anticipation.

Parodi (grille) : ministre du Travail en 1945, Parodi a attaché son nom à la classification Parodi. Les arrêtés Parodi, à la Libération, ont repris et reproduit la grille de la métallurgie parisienne d'avant-guerre. Après 1950, les « grilles Parodi améliorées » ont détaillé de façon plus précise encore la nomenclature d'emploi.

Part de PCPE : unité de copropriété de l'actif d'un fonds commun de placement entreprise. Un salarié détient un nombre de parts proportionnel au montant d'avoirs qu'il détient dans le fonds.

Passager clandestin : 1. personne qui emprunte un moyen de transport sans en assumer la marche et sans payer le prix du passage ; 2. par extension, salarié qui bénéficie de certains avantages sans participer à l'action pour les obtenir.

Pesée des postes : action pour déterminer, en utilisant une méthode d'évaluation, le poids relatif d'un poste par rapport aux autres et sur le marché du travail afin d'établir une grille des classifications et des salaires. (Voir aussi méthode de qualification)

Prévoyance flexible : dispositif de prévoyance permettant au salarié de choisir les options qui lui conviennent le mieux, en fonction de sa situation familiale et de ses préférences et arbitrages personnels. Syn. prévoyance à la carte, prévoyance modulable, cafétéria plan (angl.).

Prime : 1. complément de rémunération s'ajoutant au salaire de base. Le mot prime vient du latin *praemium*, c'est-à-dire prix ou récompense. La prime gratifie soit un travail et les modalités de sa réalisation (prime de rendement, prime de qualité, prime d'assiduité, prime d'exactitude, par exemple), soit les conditions de travail (prime de bruit, de nuit, de froid, de salissure, de hauteur, prime d'expatriation…) ; 2. subvention versée à un employeur dans le cadre des politiques d'emploi.

Prime d'assiduité : complément de rémunération versé sous condition d'un nombre limité de journées d'absence, afin de développer l'assiduité et de réduire l'absentéisme.

Prime d'intéressement : 1. complément de rémunération versé dans le cadre d'un accord d'intéressement ; 2. part variable de la rémunération en fonction de résultats individuels ou collectifs.

Prime de bienvenue : prime financière versée au candidat retenu pour obtenir son accord. Cette prime permet parfois de compenser la perte d'un bonus annuel que le candidat aurait perçu en restant à son poste.

Prime de panier : indemnité conventionnelle due en fonction des horaires de travail. Dans la métallurgie, l'indemnité de 38,21 F (1999) est due aux salariés effectuant au moins six heures de travail entre

22 heures et 6 heures et à ceux qui travaillent au moins neuf heures par jour dont une heure après 22 heures.

Prime de participation : complément de rémunération versé dans le cadre de la loi de 1967 sur la participation financière des salariés aux fruits de l'expansion selon les modalités définies par voie d'accord.

Prime de rétention : prime dont le versement est différé et soumis à une condition de présence à la date prévue pour le règlement. Il s'agit généralement de l'étalement dans le temps d'un bonus annuel.

Prime de rideaux (*fam.*) : prime versée dans le cadre d'une mobilité géographique, en plus de la prise en charge des frais de déménagement, pour prendre en compte les désagréments et débours imprévus supportés par le salarié muté.

Qualification : 1. aptitude à occuper un emploi donné, à travailler dans un domaine ; 2. position dans une structure de qualification, une échelle des fonctions et des emplois ; 3. reconnaissance datée et réglementée des connaissances, compétences et aptitudes nécessaires pour qu'une personne exerce une activité donnée.

Rémunération flexible : système de rémunération dans lequel chaque salarié a la possibilité de choisir certaines modalités de sa rémunération. Syn. : rémunération à la carte, cafétéria plan.

Rémunération réversible : part de la rémunération non définitivement acquise et pouvant être remise en cause en fonction des résultats ou des événements. Syn. : rémunération variable, rémunération aléatoire.

Retraite chapeau : régime de retraite mis en place dans une entreprise pour assurer à tout ou partie des salariés une retraite calculée sur la base du dernier salaire, en complétant les retraites obtenues au titre de l'assurance vieillesse et des régimes complémentaires.

Rétribution intrinsèque : au-delà de la rémunération, ce que le salarié apprécie dans son travail (opportunités de carrière, développement des compétences, intérêt du travail, climat social, environnement du travail).

Rétribution symbolique : signes de reconnaissance adressés par l'organisation à un salarié. (Voir aussi symboles honorifiques)

Salaire aux pièces : système de rémunération au rendement très simple. La rémunération totale est obtenue en multipliant le nombre de pièces produites et acceptées par le salaire par pièce.

Salaire brut : salaire avant déduction des cotisations fiscales et sociales.

Tarif minimal : le tarif minimal s'applique aux travaux exécutés à domicile. C'est le produit du salaire par les temps d'exécution. À ce tarif s'ajoutent, d'une part, les frais d'atelier et frais accessoires, d'autre part, le cas échéant, les majorations prévues.

Taux de remplacement : rapport entre le total des pensions (retraites) perçues la première année de la retraite et le montant du dernier salaire du nouveau retraité. Ce taux est un constat dans le secteur privé. C'est un droit dans la fonction publique, dans les régimes spéciaux et dans le cadre d'une « retraite chapeau ».

Bibliographie

ABRAHAM J. (2003), « Employeur-employé : quelle relation d'emploi durable ? » in IAS, Actes de la 22ᵉ université d'été, Bordeaux.

ADAMS J.S., ROSEMBAUM W.B. (1962), « The relationship of worker productivity to cognitive dissonance about wage inequities », *Journal of applied psychology*, vol. 46, n° 3, p. 161-164.

ADAMS J.S. (1965), « Études expérimentales en matière d'inégalité de salaire, de productivité et de qualité de travail », in C. Faucheux et S. Moscovic, *Psychologie sociale théorique et expérimentale*, Paris, Ehess-Mouton, p. 193-204.

ADAMS J.S. (1965), « Toward an Understanding of Inequity », *Journal of Abnormal and Social Psychology*, vol. 67, n° 5, p. 422-436.

AKERLOF G.A. et YELLEN J.L. (1988), « Fairness and Unemployment » *American Economic Review*, vol. 78, n° 2, p. 44-49.

ALBERT E., BOURNOIS F., DUVAL-HAMEL J., ROJOT J., ROUSSILON S. (2003), *Pourquoi j'irais travailler ?*, Paris, Éditions d'Organisation.

AMADIEU J.F. (1995), *Le management des salaires*, Paris, Economica.

AMADIEU J.F. (2002), *Le poids des apparences*, Paris, Odile Jacob.

AMIEL-FLECHEL M. (1998), « Assumer les plans sociaux », in PERETTI J.M., *Tous DRH*, Paris, Éditions d'Organisation, 5ᵉ édition.

BARRAUD-DIDIER V., GUERRERO S., IGALENS J. (2003), « L'effet des pratiques de GRH sur la performance des entreprises : le cas des pratiques de mobilisation », *Revue de GRH*, n° 47, p. 2-13.

BAUDELOT C., GOLLAC M. (2002), *Travailler pour être heureux ? Le bonheur et le travail en France*, Paris, Fayard.

BAUDRY P. (2003), *Français-Américains : l'autre rive*, Paris, Village mondial.

BENRAIS L. (2001), « Équité salariale, satisfaction à l'égard de la rémunération et satisfaction au travail », thèse en sciences de gestion, IAE d'Aix-en-Provence.

BENRAIS L., PERETTI J.M. (2002), « Déterminants de l'équité salariale chez les cadres marocains et français », in IAS, Actes de la 4ᵉ université de printemps, CLERH, Beyrouth, p. 55-66.

BLAU G. (1994), « Testing the effect of level an Importance of Pay referents on Pay level satisfaction », in *Human Relations*, vol. 47, n° 10, p. 1251-1268.

BOURCIER C. & PALOBART Y. (1997), *La reconnaissance, un outil de motivation des salariés*, Paris, Éditions d'Organisation.

BURGAUD D. (2002), *Le salaire ne fait plus tout*, Paris, Éditions d'Organisation.

CADIN L., GUERIN F. (1999), *La gestion des ressources humaines*, Paris, Dunod.

CAVAGNAC M. (1996), « Rémunérations incitatives en présence de sélection adverses », *Revue française de GRH*, n° 18, p. 3-15.

CERDIN J.L., MARBOT E., PERETTI J.M. (2003), « Vers une définition du sentiment de fin de vie professionnelle », *Revue française de gestion*, n° 47, p. 14-28.

CERDIN J.L. (2002), *L'expatriation*, Paris, Éditions d'Organisation, 2ᵉ édition.

CERDIN J.L., SAINT-ONGE S., SAVIGNY X. (2001), « La rémunération des expatriés : défis et pratiques de gestion », in PERETTI & ROUSSEL, *Les rémunérations*, Paris, Vuibert, p. 293-310.

COCHET H. (2003), « La politique de rémunération de Total », *Ressources humaines et management*, n° 9, p. 16-17.

COHEN-CHARASH Y. & SPECTOR P.E. (2001), « The role of justice in organization : a nota analysis », *Organizational behavior and human decision process*, vol. 86, n° 2, p. 278-321.

COMMEIRAS N. (2001), « Partage des profits, rémunération extrinsèque et performance : une relation complexe et incertaine », *Revue sciences de gestion*, n° 30, p. 107-156.

COPRENZANO R. et FOLGER R. (1991), « Procedural justice and worker motivation », in STEERS et PORTER, *Motivation and Work Behavior*, New York, Mac Graw-Hill, p. 131-142.

COWHERD D.M. et LEVINE D.I. (1992), « Product quality and pay equity between lower-level employees and top management : an investigation of distributive justice theory », *Administration science quaterly*, p. 302-320.

DARMON R. (2001), « La rémunération des commerciaux, quelles politiques pour l'an 2000 ? », in PERETTI & ROUSSEL, *Les rémunérations*, Paris, Vuibert, p. 279-292.

DARMON R.Y. (2000), « Optimal Conditions for Sales Force Equitable Compensation », *Operation Research Spektrum*.

DEFELIX C. (2003), « Les systèmes d'appréciation sont-ils voués à l'échec ? Un regard longitudinal », *Revue de GRH*, n° 40, p. 17-36.

DESBRIERES P., SAINT-ONGE S., MAGNAN M. (2000), « Les plans d'option sur actions : théorie et pratique », in PERETTI J.M. et ROUSSEL P., *Les rémunérations*, Paris, Vuibert, p. 135-160.

DONNADIEU G. (1993), *Du salaire à la rétribution*, Paris, Éditions Liaisons.

DUBOIS P. (1976), *Le sabotage dans l'industrie*, Paris, Calmann-Levy.

ETCHEGOYEN A. (1994), *Le pouvoir des mots*, Paris, Dunod.

EXCOUSSEAU M. (2003), *La mosaïque des générations*, Paris, Éditions d'Organisation.

FAS, Fédération française des associations d'actionnaires salariés et anciens salariés (2003), *Guide de l'actionnaire salarié et de l'épargne salariale*, FAS, Paris.

FESTINGER L. (1954), « A theory of social comparaison processes », *Human Relations*, vol. 7, p. 117-140.

FESTINGER L. (1957), *A theory of cognitive dissonance comparaison processes*, Evanston III, Row, Peterson and Co.

GALAMBAUD B. (2002), *Si la* GRH *était de la gestion*, Paris, Éditions Liaisons.

GIACCOBE-MILLER J. (1995), « A test of the group values and control models of procedural justice from the cometing perspectives of labor and management », *Personnel Psychology*, vol. 48, p. 115-142.

GODET M. (2003), *Le choc de 2006*, Paris, Odile Jacob.

GOSSELIN A., DUPRAS A. (1991), « L'introduction de nouvelles pratiques de GRH : le cas de la rémunération au mérite dans les établissements publics », *Revue de GRH*, n° 1, p. 28-34.

GREENBERG J. (1990), « Organizational Justice : Yesterday, Today and Tomorrow », *Journal of management*, vol. 16, n° 2, p. 399-432.

GUERIN G., WILS T., LEMIRE L. (2002), « Démobilisation chez les professionnels salariés : une mise à l'épreuve du modèle des attentes insatisfaites », *Revue de gestion des ressources humaines*, n° 44.

GUERRERO S., SIRE B. (2001), « La notion de mobilisation en GRH : essai de définition et recherche de variables explicatives à partir d'une enquête auprès de DRH et de membres de l'AGRH », *Revue de GRH*, n° 40, 82-90.

HENNINGER M.C. (2003), « GRH et stratégie : les attraits de l'alignement – le cas de la politique de rémunération », *Revue de GRH*, n° 45, p. 41-54.

HENRIET B., BONEU F. (1997), *DRH, c'est déjà demain*, Paris, Éditions d'Organisation.

HOMANS G. (1953), « Status among clerical workers », *Human Organization*, vol. 12, p. 5-10.

HOMANS G. (1974), « Distributive justice », in BRACE J., *Social behavior : its elementary forms*, New York, Harcourt.

HUSENAM R.C., HATFIED J.D., MILES E.W. (1987), « A new perspective on equity theory : the equity sensitivity contruct », *Academy of Management review*, vol. 12, n° 2, p. 222-234.

IGALENS J., PERETTI J.M. (2001), « À propos de l'argent en GRH », in *Argent et gestion*, Presses de l'université Toulouse-1, p. 331-338.

IGALENS J., PERETTI J.M. (1999), « Les décisions d'augmentation individuelle et la décentralisation de la fonction ressources humaines », in *Décision et gestion*, Presses de l'Université de Toulouse-1.

JAROSSON B. (2003), *Conseil d'indiscipline. Du bon usage de la désobéissance*, Paris, Descartes & Cie.

KALIKA M. (2003), *E-management : quelles transformations dans l'entreprise ?* Paris, Éditions Liaisons.

KLARFELD A. et SAINT-ONGE S. (2000), « La rémunération des compétences, théorie et pratique », in PERETTI & ROUSSEL, *Les rémunérations*, Paris, Vuibert, p. 65-80.

LAPIERRE C. (1959), *L'évaluation des emplois*, Paris, Éditions d'Organisation.

LAWLER E.E. (1971), *Pay and Organizational Effectiveness : a Psychological View*, New York, Mc Graw-Hill.

LELARGE G. (2003), *La gestion des ressources humaines*, Paris, Sefi éditions.

LEVY-LEBOYER C. (2000), *Le 360°, outil de développement personnel*, Paris, Éditions d'Organisation.

MAILLET L. (1989), *Psychologie et organisations, l'individu dans son milieu de travail*, Montréal, Agence d'Ac.

MANVILLE C. (2003), « Perception de justice organisationnelle et statut d'emploi atypique », *Cahiers de recherche du CREGO*, n° 12, p. 71-79.

MERCK B. et al. (2002), *Équipes RH, acteurs de la str@tégie*, Paris, Éditions d'Organisation.

MORVILLE P. (1985), *Les nouvelles politiques sociales du patronat*, Paris, La Découverte.

NORROY G. (2003), « Succession planning », revue *Personnel*, n° 439, p. 58-60.

OGIER M. (2003), *Savoir se vendre*, Paris, Éditions d'Organisation.

OHANA P. (1995), *Les 100 mots clés du management des hommes*, Paris, Dunod.

PERETTI J.M., ROUSSEL P. et al. (2001), *Les rémunérations : politiques et pratiques pour les années deux mille*, Paris, Vuibert.

PERETTI J.M. (2003), *Dictionnaire des ressources humaines*, Paris, Vuibert, 3e édition.

PEREZ S., PIETRAC E. (2003), « Entreprises-salariés : une autre idée de la relation », Paris, JML.

PEZET-LANGEVIN (2003), « Qu'est-ce que le burnout ? Comment les entreprises peuvent-elles y remédier ? » in LEVY-LEBOYER C., *La psychologie du travail*, Paris, Éditions d'Organisation.

PLANE J.M. (2000), *La gestion des ressources humaines*, Paris, Flammarion.

POILBOT-ROCABOY G., SOULIÉ-MATHIEU J. (2000), « La satisfaction des salariés à l'égard de la protection sociale complémentaire : une contribution à l'efficacité et à l'efficience des politiques de rémunération », PERETTI & ROUSSEL, *Les rémunérations*, Paris, Vuibert, p. 215-229.

POILBOT-ROCABOY G. (1995), « La satisfaction des individus à l'égard de la protection sociale complémentaire : proposition d'un modèle théorique et résultats d'une étude de perception », *Revue de GRH*, n° 16, p. 25-36.

REYNAUD B. (1994), *Les théories du salaire*, Paris, La Découverte.

RICHEVAUX M., CALCIU M., VERNIER E. (2002), *Travail et nouvelle économie*, Paris, L'Harmattan.

ROJOT J. (2003), *Théorie des organisations*, Paris, Eska.

RONEN S. (1986), « Equity perception in multiple comparaisons : a field study », *Human Relations*, 39, p. 333-346.

SAINT-ONGE S. (1993), « Effet relatif des critères objectifs et des critères subjectifs tirés de la perception des salariés dans l'établissement d'un système de rémunération fondé sur la performance : le cas d'une entreprise nord-américaine », *Revue de GRH*, n° 10, p. 23-32.

SCHIETTECATTE P. (1999), « Remplacement du coutumier : un scénario juste et cohérent », in *Expressions : le rendez-vous des RH de France Telecom*, n° 17, p. 5-9.

SCHOLL R.W. et al. (1987), « Referent selection in Determining Equity perceptions : Differentiels effects on behavioral and attitudinal outcomes » in *Personnel Psychology*, n° 40, p. 113-124.

SELTZER B. (2003), « Les nouveaux responsables des rémunérations », *Ressources humaines et management*, n° 10, p. 20-21.

SERIEYX H. (1989), *Le zéro mépris*, Paris, InterÉditions.

SIRE B. (1994), *Gestion stratégique des rémunérations*, Paris, Éditions Liaisons.

SIRE B. (2001), « Faire de la rémunération un levier de la performance », in *Tous DRH*, Paris, Éditions d'Organisation, p. 255-266.

SIRE B. (1998), *Les politiques de rémunération des grandes entreprises, comparaison France, Angleterre, Québec,* rapport pour le Commissariat général au plan.

SOULIÉ J. (1997), « Contribution à l'étude de l'influence des systèmes de rémunération cafétéria sur la satisfaction des salariés. L'exemple des plans de protection flexible », thèse en sciences de gestion, IAE deToulouse-1.

SOULIÉ-MATHIEU J., MATHIEU P. (2003), « Accroître la performance par l'enrichissement des tâches et l'autonomie », *Revue de GRH*, n° 47, p. 45-56.

SUMMERS T.P. et HENDRIX W.H. (1991), « Modelling the role of equity perceptions : a field study », *Journal of occupationnal psychology*, vol. 64, p. 145-157.

TAHAR G. (1993), « Un modèle de salaire avec norme d'équité et incitation à l'effort », *Revue d'économie politique,* vol. 103, n° 6, p. 827-843.

THERIAULT R. (1983), *Gestion de la rémunération : politiques et pratiques efficaces et équitables,* Montréal, Gaëtan Morin.

THEVENET M. (1992), *Impliquer les personnes dans l'entreprise*, Paris, Éditions Liaisons.

THORPE R. & HOMAN G. (2000), *Strategie Reward Systems*, Prentice Hall, NewYork.

TREPO G., ESTRELLAT N., OIRY E. (2002), *L'appréciation du personnel,* Paris, Éditions d'Organisation.

TURQUET P. (1996), « Justice et équité dans les politiques de GRH : l'apport de quelques modèles économiques », *Revue de GRH*, n° 18, p. 16-30.

ULRICH D. (1987), « Organizational capability as a competitive advantage : Human resource professionals as strategic business partners », *Human resource planning*, 10 (4), p. 169-184.

Bibliographie

VATTEVILLE E. (2003), *Management stratégie de l'emploi*, Caen, EMS.

VIVIER B. (2003), *La place au travail*, rapport au Conseil économique et social, Paris.

WATSON WYATTS (2003), *Europe strategic rewards survey*, Paris.

WEITZMAN M.L. (1984), *The share economy*, Harvard university press, Cambridge.

WILLS T., LABELLE C. (2002), « Faut-il se soucier du personnel pour le mobiliser ? », audit du management des connaissances, IAS, XXe université d'été, p. 193-200.

Index

C

D

E

F

G

H

I